Eleri Sampson

30 Minuten
für die überzeugende
Selbstdarstellung

Die Deutsche Bibliothek – CIP-Einheitsaufnahme

Sampson, Eleri:
30 Minuten für die überzeugende Selbstdarstellung / [Eleri Sampson.
Aus dem Engl. übers. von Ingrid Proß-Gill]. - Offenbach : GABAL, 1998
(30-Minuten-Reihe)
Einheitssacht.: 30 minutes to make the right impression <dt.>
ISBN 3-930799-91-X

Aus dem Englischen übersetzt
von Ingrid Proß-Gill, Sankt Augustin

Redaktion: Sandra Klaucke, Frankfurt/Main
Umschlag und Layout:
Vitting & Wagner Kommunikation, Darmstadt
Satz: Borris Balzer, Frankfurt/Main
Titelbild (Fond): Sandra Winter, Darmstadt
Druck und Verarbeitung: rgg Druck, Braunschweig

Hinweis:
Dieses Buch ist sorgfältig erarbeitet worden. Dennoch erfolgen alle Angaben ohne Gewähr. Weder Autorin noch Verlag können für eventuelle Nachteile oder Schäden, die aus den im Buch gemachten Hinweisen resultieren, eine Haftung übernehmen.

Printed in Germany

ISBN 3-930799-91-X

In 30 Minuten wissen Sie mehr!

Dieses Buch ist so konzipiert, daß Sie in kurzer Zeit prägnante und fundierte Informationen aufnehmen können. Mit Hilfe eines Leitsystems werden Sie durch das Buch geführt. Es erlaubt Ihnen, innerhalb Ihres persönlichen Zeitkontingents (von 10 bis 30 Minuten) das Wesentliche zu erfassen.

Kurze Lesezeit
In 30 Minuten können Sie das ganze Buch lesen. Wenn Sie weniger Zeit haben, lesen Sie gezielt nur die Stellen, die für Sie wichtige Informationen beinhalten.

- Alle wichtigen Informationen sind blau gedruckt.

- Schlüsselfragen mit Seitenverweisen zu Beginn eines jeden Kapitels erlauben eine schnelle Orientierung: Sie blättern direkt auf die Seite, die Ihre Wissenslücke schließt.

- *Zahlreiche Zusammenfassungen innerhalb der Kapitel erlauben das schnelle Querlesen. Sie sind blau gedruckt und zusätzlich durch ein Uhrsymbol gekennzeichnet, so daß sie leicht zu finden sind.*

- Ein Register erleichtert das Nachschlagen.

Inhalt

Vorwort

Wenn wir in einer anderen Welt lebten, würde man uns vielleicht aufgrund unserer Leistungen beurteilen. Tatsächlich ist es jedoch so, daß Menschen, die hart arbeiten, sich aber nicht in den Vordergrund drängen, übersehen werden; die Früchte ihrer Arbeit ernten diejenigen, die sich überzeugend darstellen können. Wer sich gut vermarktet, wird beachtet. Wer dagegen inkompetent wirkt, wird auch für inkompetent gehalten, selbst wenn das nicht zutrifft. Erfolg im Berufsleben und im gesellschaftlichen Bereich hängt in einem hohen Maß davon ab, wie wir uns in ganz unterschiedlichen Situationen den verschiedensten Menschen gegenüber verhalten – mit anderen Worten: Erfolg erfordert eine überzeugende Selbstdarstellung.

Der erste Eindruck
Die Ergebnisse neuerer Untersuchungen zeigen, daß sich andere schon in den ersten 30 Sekunden bis 4 Minuten aufgrund unseres Aussehens, unserer Stimme und unserer Bewegungen eine Meinung über uns bilden, die sich nicht so leicht wieder auslöschen läßt. Die allerersten Augenblicke sind dabei besonders entscheidend. Dieser erste Eindruck entsteht durch eine Interaktion, bei der wir und die anderen komplexe Informationen über uns selbst – darüber, wer wir sind und wofür wir stehen – senden und empfangen. Je besser Sie in den ersten Minuten auf die Bedürfnisse Ihres Gegenübers eingehen, desto überzeugender werden Sie sich darstellen können!

Was wir wahrnehmen
Körperliche Charakteristika wie Alter, Geschlecht und ethnische Zugehörigkeit können wir sofort erkennen. Danach versuchen wir, andere Eigenschaften wie Intelligenz, Kompetenz, Selbstbewußtsein, Schichtzugehörigkeit, Attraktivität, finanzielle Lage und so weiter zu erschließen, jedoch nicht immer zutreffend.

Wir alle spielen in unserem Leben viele verschiedene Rollen, und uns bleiben nicht einmal 4 Minuten, um auf jemanden, den wir kennenlernen, den gewünschten Eindruck zu machen. Wenn Sie 30 Minuten Zeit haben, können Sie noch viel vorbereiten, planen und herausfinden, das entscheidend dazu beitragen kann, daß Sie den gewünschten Eindruck auf andere machen. Sie können trainieren, die richtigen Signale auszusenden, um sich überzeugend darzustellen.

Von innen nach außen
Dieses Buch geht die Frage der Selbstdarstellung ganzheitlich an, denn ich bin überzeugt, daß man sein Aussehen und Verhalten nicht von seinen Gefühlen und Gedanken abkoppeln kann. Ihre Einstellung, Ihre Emotionen und Ihre Gedanken manifestieren sich körperlich und schlagen sich in Ihrem Verhalten nieder. Sie erhalten auf den folgenden Seiten viele Hinweise und Anregungen, um selbstsicher und überzeugend aufzutreten. Und wenn Sie diese Botschaft aussenden, werden Sie auch so wahrgenommen werden!

1. Grundlagen der Selbstdarstellung

Kennen Sie die neun Schritte bis zur überzeugenden Selbstdarstellung? *Seite 9*

Bedeutet Selbstdarstellung, „eine Schau abzuziehen“?
Seite 11

Wissen Sie, zu welchem Prozentsatz Ihr Auftreten Ihre Erfolgs- und Karrierechancen bestimmt?
Seite 13

Wenn wir ins Ausland reisen, unsere Freunde besuchen oder einige Tage in deren Familie verbringen, passen wir uns automatisch an: Wir nehmen deren Erwartungen auf und sprechen beispielsweise schneller, versuchen unseren Dialekt zu unterdrücken oder fallen in die familientypische Sprache ein. Wenn wir mit einem kleinen Kind sprechen, wählen wir möglichst einfache Worte; wenn wir uns mit einem Schwerhörigen unterhalten, artikulieren wir besonders deutlich. All das gehört zur Fähigkeit des Menschen, mit der Sprache umzugehen.

Eindruck machen

Wenn wir jemanden kennenlernen und einen guten Eindruck auf ihn machen wollen, läuft auf der Verhaltensebene ein ganz ähnlicher Prozeß ab. Da aber nicht jedem besonderes Geschick im souveränen Umgang mit anderen Menschen in die Wiege gelegt worden ist, kann es nicht schaden, etwas über den psychologischen Hintergrund zu erfahren und sich einige wichtige Methoden anzueignen.

Eine gute Selbstdarstellung setzt sich aus neun Schritten zusammen:

1. Legen Sie Ihre Ziele fest – was wollen Sie in der gegebenen Situation erreichen?
2. Analysieren Sie Ihr Publikum (vgl. Seite 35).
3. Überlegen Sie sich, mit welchen Mitteln und Methoden Sie Ihre Ziele erreichen können.
4. Handeln Sie entsprechend.
5. Stellen Sie fest, wie Ihr Publikum reagiert.
6. Überlegen Sie, inwieweit Sie Ihre persönlichen Ziele erreicht haben.

7. Ändern Sie gegebenenfalls Ihre Methoden.
8. Ändern Sie Ihre persönlichen Ziele, falls erforderlich.
9. Handeln Sie entsprechend.

Jeder Mensch versucht, sich den Erwartungen seiner Umwelt anzupassen. Um sich selbst überzeugend darzustellen, sollten Sie darüber hinaus noch versuchen, Ihre persönlichen Stärken zu betonen.

1.1 Sich gut darstellen, aber nicht übertreiben

Da wir alle in unserem Leben viele Rollen spielen, ist es ganz natürlich, sich ins rechte Licht zu setzen. Wir erschaffen soziale Identitäten, um unsere sozialen, persönlichen oder beruflichen Bedürfnisse zu erfüllen. Natürlich bleiben wir dabei immer dieselben, doch wir müssen verschiedene Rollen übernehmen – Mutter, Sohn, Freundin, Ehemann, Kollege, Chefin usw.

Verschiedene Erwartungen erfüllen

Denken Sie an eine noch nicht lange zurückliegende Situation, in der es wichtig für Sie war, gut „rüberzukommen". Vielleicht handelte es sich um einen langweiligen Vortrag, bei dem Sie den Redner durch Ihre rasche Auffassungsgabe beeindrucken wollten? Waren Sie zu einem Vorstellungsgespräch eingeladen? Versuchen Sie, sich Ihre damaligen Gedanken und Gefühle in Erinnerung zu rufen und die folgenden Fragen möglichst ehrlich zu beantworten:

- Haben Sie Ihr Verhalten geändert und eine Schau abgezogen?
- Wie stark haben Sie Ihr Verhalten geändert?
- Weshalb haben Sie das für nötig gehalten?
- Wie haben Sie sich dabei gefühlt?
- Wie haben Sie sich danach gefühlt?
- Würden Sie sich wieder so verhalten, wenn es notwendig wäre?
- Was würde passieren, wenn Sie sich nicht wieder so verhalten würden?

Sich Ruhepausen gönnen

Den Erwartungen einer Rolle zu entsprechen oder einen bestimmten Anschein aufrechtzuerhalten, kann über längere Zeit sehr anstrengend sein. Es ist daher sehr wichtig, daß Sie zwischendurch immer wieder die Maske fallen lassen und Sie selbst sein können. Wenn es Ihnen nicht im Blut liegt, mit Menschen zu plaudern, die Sie nicht kennen (und vielleicht nicht einmal mögen), können Sie sich ruhig von Zeit zu Zeit zurückziehen. Sie brauchen in einem solchen Fall nicht auf jede geschäftliche Veranstaltung gehen, sondern sollten Ihre soziale Interaktion bewußt einschränken, da Sie sonst erschöpft und reizbar werden und den Eindruck erwecken könnten, daß es Ihnen an gesellschaftlichem Schliff fehlt.

Bleiben Sie immer Sie selbst!

Für eine „inszenierte" Selbstdarstellung gibt es gute und schlechte Motive. Von außen gestellten Erwartungen zu entsprechen muß nicht bedeuten, daß Sie sich in Täuschungen, Lügen, Übertreibungen oder Verschleierungen verstricken. Je nach Situation werden Sie sicherlich in unterschiedlichem Maß bestimmte Schwächen kaschieren und Stärken besonders hervorheben. Und wer würde sich nicht bemühen, sich in einer entscheidenden Phase von seiner besten Seite darzustellen – beispielsweise bei einer Besprechung mit Entscheidungsträgern, bei wichtigen Verkaufsgesprächen oder beim „Antrittsbesuch" bei den Eltern des Lebenspartners.

Sich nicht verstellen
Natürlich kann man auf Manipulationen zurückgreifen, um das zu bekommen, was man haben will, oder um sich aus einer schwierigen Lage zu befreien. Daß das möglich ist, heißt aber noch lange nicht, daß jeder, der bewußt auf eine gute Selbstdarstellung abzielt, ein Betrüger ist. Das wäre eine zu grobe Deutung einer komplexen und dabei ganz natürlichen menschlichen Aktivität.

Sich selbst gut darzustellen bedeutet nicht, seinen Mitmenschen ein falsches, weil zu positiv gezeichnetes Bild von sich zu vermitteln. Selbstdarstellung ist vielmehr das Betonen der eigenen Stärken, die in der jeweiligen Situation besonders erwartet werden.

1.2 Warum eine Selbstdarstellung sinnvoll ist

Untersuchungen mit einer großen Zahl von Firmen und Unternehmen haben gezeigt, daß die Aufstiegschancen der Mitarbeiter vor allem von drei Faktoren abhängen:

- der Leistung (zu 10 Prozent)
- dem Image und dem persönlichen Stil (zu 30 Prozent)
- dem Gesehenwerden, Auffallen (zu 60 Prozent).

Das persönliche Image bestimmt also zu 90 Prozent, wie Sie eingeschätzt werden. Nehmen Sie jetzt noch an, daß in einer Firma alle Kollegen hart arbeiten, dann wird Ihnen sicher bewußt, daß bei Beförderungen das Bild, das andere von Ihnen haben, entscheidend ist. Es gibt mindestens drei Gründe dafür, sich gut darzustellen:

1. Die Bedeutung des persönlichen Eindrucks

Viele gut qualifizierte und fähige Mitarbeiter werden nicht anerkannt, weil sie sich selbst und ihre Ideen schlecht verkaufen und unterschätzen, wie stark ihr persönlicher Stil das Urteil anderer über ihre Arbeit beeinflußt. Heutzutage besteht der typische Berufsweg nicht mehr aus einer Reihe logischer, nach oben führender Schritte, die sich in Form einer jährlichen Gehaltserhöhung auszahlen, sondern es geht vielmehr um Teamarbeit und die Arbeit in Projektgruppen, deren Zusammensetzung sich immer wieder ändert. Es ist daher um so wichtiger für jeden, seine zwischenmenschlichen Fertigkeiten zu entwickeln und einen guten persönlichen Eindruck zu machen.

2. Gesehenwerden zählt mehr als Befähigung

Es ist sehr wichtig, daß man zur rechten Zeit von den richtigen Leuten am richtigen Ort gesehen wird; daher dürfen wir nicht zu bescheiden sein und nur unsere Aufgaben erledigen. Um vorwärts zu kommen, müssen wir vielmehr unsere sozialen Fertigkeiten entwickeln. Dazu gehört, sich ein Netzwek aufzubauen und zu Entscheidungsträgern Kontakt zu halten – damit Sie gesehen werden, anderen im Gedächtnis bleiben und jeden Tag einen vorteilhaften Eindruck machen können. Außerdem erhalten Sie so Informationen, die für Ihre tägliche Arbeit wichtig sein können.

3. Die Firma nach außen vertreten
Das Image einer Firma beruht immer auf den Menschen, die in ihr arbeiten. Unser erster Kontakt verläuft stets über Menschen, ob nun in einem Laden, Krankenhaus oder Restaurant, ob am Telefon, über die Theke oder am Empfang.
Es gibt Meinungen, wonach das Image einer Firma die Firmenphilosophie sei, die durch die Mitarbeiter sichtbar werde. Insofern ist es wichtig, daß Sie – als Vertreter Ihres Unternehmens – immer einen guten Eindruck machen. Natürlich darf dies nicht so weit gehen, daß in einer Krise alles für die Fernsehkameras herausgeputzt wird. Wir kennen alle den Fall, daß für alles von der Werbung bis zur Architektur ein Vermögen ausgegeben worden ist und dann eine völlig ungeeignete Person an den Empfang gesetzt wird ...

Wie Sie auftreten, bestimmt zu einem sehr großen Teil (zu 90 Prozent!), wie Sie – und Ihre Leistung – eingeschätzt werden. Wer sich nicht gut darstellt, wird daher oft nicht als fähig erkannt und entsprechend wenig im Beruf gefördert.

Ist Selbstdarstellung Heuchelei?
Nicht wenige Leute vertreten die Ansicht, jeder sollte sich ganz natürlich geben. Aber ist das – gerade im Berufsleben – wirklich erstrebenswert? Was halten Sie von den folgenden Empfehlungen:

- „Seien Sie Sie selbst!"
  Ja, natürlich müssen Sie Sie selbst sein; Sie müssen sich aber darüber klarwerden, welche Rolle Sie spielen wollen, und sich dann von Ihrer besten beruflichen Seite zeigen.

- „Geben Sie sich ganz natürlich!"
  Das ist prima, solange die anderen das von Ihnen erwarten. Falls Ihr natürlicher Stil aber in einigen Fällen ausdrücken würde „diesen Geschäftspartner kann ich nicht ausstehen", wäre es sicher besser, Ihre Meinung anders darzustellen. Zu großes Selbstbewußtsein kann leicht als Überheblichkeit ausgelegt werden, zu große Lässigkeit als Gleichgültigkeit.

- „Ziehen Sie an, was Ihnen gefällt."
  Natürlich sollten Sie Kleidung wählen, in der Sie sich wohlfühlen. Das heißt aber nicht, daß Sie im bequemen Freizeitlook bei geschäftlichen Besprechungen erscheinen sollten. Überlegen Sie im Vorfeld, welchen Eindruck Sie machen möchten – souverän, kollegial oder verantwortungsbewußt? Die richtige Kleidung unterstreicht Ihre Ausstrahlung und trägt damit ganz wesentlich dazu bei, wie Sie von Ihren Mitmenschen eingeschätzt werden (vgl. Seite 47).

- „Sagen Sie immer frei heraus, was Sie denken.“
  So sehr es Sie ehrt, wenn Sie ehrlich sind – dies ist nicht immer angebracht. Ihre wahre Meinung zu geschäftlichen Vorgängen sollten Sie nur dann äußern, wenn Sie damit etwas bewegen können. Wird Ihre Aussage jedoch nur als Miesmacherei ohne Begründung aufgefaßt, sollten Sie nicht vorlaut verkünden, was Sie denken. Halten Sie sich an den Grundsatz, daß Sie sich nur zu Vorgängen äußern, die Sie oder Ihre Abteilung betreffen.

Jeder Mensch spielt in seinem Leben verschiedene Rollen, und es werden von ihm die unterschiedlichsten Fähigkeiten erwartet.

- ***Stellen Sie heraus, daß Sie in der jeweiligen Situation die passenden Kenntnisse haben.***
- ***Übertreiben Sie dabei nicht. Selbstdarstellung heißt selbstverständlich nicht, ein falsches Bild von sich zu vermitteln.***
- ***Führen Sie sich immer wieder vor Augen, daß Ihre eigentliche Leistung nur zu 10 Prozent bestimmt, wie Sie von anderen eingeschätzt werden. 90 Prozent Ihres Eindrucks werden durch Ihr Auftreten geprägt.***

1.3 Persönliche Checkliste

Vor der nächsten Situation, in der Sie sich gut darstellen möchten, sollten Sie folgende Punkte durchgehen:

- Ergebnis:
  Was soll mir die Situation bringen?
- Zuhörer/Publikum:
  Wen will ich beeindrucken? Wer wird dort sein? Wie sieht das Publikumsprofil aus (vgl. Seite 35)?
- Kopf:
  Wie müssen meine Planung und Vorbereitung aussehen, welche Informationen brauche ich noch, und wie bekomme ich sie?
- Selbstwertgefühl:
  Muß ich etwas unternehmen, um mein Selbstbewußtsein und meine Selbstachtung zu stärken?
- Kleidung:
  Welches Bild will ich vermitteln? Was muß ich anziehen, um das zu erreichen (vgl. Seite 47)?
- Stimme:
  Muß ich daran arbeiten, einen bestimmten Tonfall in meine Stimme zu legen (vgl. Seite 53)?
- Körpersprache:
  Was möchte ich durch meine Haltung und meine Gesten ausdrücken (vgl. Seite 41)?
- Botschaft:
  Was werde ich sagen? Ist mir klar, welche Botschaft ich senden will?

2. Verstand und Gefühle

Einem Sprichwort zufolge bekommt man keine zweite Chance, einen ersten Eindruck zu machen. Das stimmt zwar nicht ganz, doch es ist tatsächlich sehr schwierig, einen schlechten ersten Eindruck ins Gegenteil zu verkehren.
Ob Sie den richtigen Eindruck machen, hängt zu einem Teil natürlich von Faktoren ab, die Sie nicht kontrollieren können. Sie können Ihre Erfolgschancen aber deutlich erhöhen, indem Sie Ihren Auftritt ganz bewußt steuern. Es ist erforderlich, daß Sie einerseits soziale und intellektuelle Entscheidungen treffen – über das, was Sie anziehen und sagen wollen, und über Ihr Verhalten – und daß Sie sich andererseits mit tiefgreifenden Gefühlszuständen wie mangelnder Selbstachtung, Nervosität oder zu geringem (oder zu großem) Selbstvertrauen auseinandersetzen.

2.1 Selbstdarstellung beginnt im Kopf

Sobald Sie für sich klar definiert haben, was Sie in der konkreten Situation erreichen möchten, sollten Sie sich innerlich auf den Prozeß der Selbstdarstellung programmieren. Setzen Sie dabei Ihren Kopf und Ihr Herz ein, agieren Sie auf der Denk- und der Gefühlsebene. Wer sind Ihre Zuhörer? Wen müssen Sie beeindrucken? Welche Informationen müssen Sie sich noch beschaffen? Was sollten Sie vorbereiten? Wie reagieren Sie emotional auf die bevorstehende Situation? Wie groß sind Ihr Selbstvertrauen und Ihre Selbstachtung? Steht Ihnen eine neue Erfahrung bevor, oder sind Ihnen Situationen dieser Art schon vertraut?

Das entsprechende äußere Bild

Entscheiden Sie, wie Sie aussehen möchten, welches Bild Sie von sich vermitteln und was Sie über die nonverbalen Kanäle des Tonfalls und der Körpersprache transportieren wollen. Untersuchungen haben gezeigt, daß viele Leute zu viel Wert auf die Formulierung ihrer Worte legen. Tatsächlich wird der persönliche Eindruck jedoch nur zu sieben Prozent durch die Worte selbst bestimmt.

Acht wichtige Faktoren

Für eine überzeugende Selbstdarstellung gilt es folgende acht Punkte zu beachten:

1. Ihre Gedanken
2. Ihre Gefühle
3. Ihr Ziel
4. Ihre Zuhörer
5. Ihr Aussehen
6. Ihre Bewegungen
7. Ihre Stimme
8. Ihre Botschaft.

In diesem Kapitel geht es um Ihren Kopf und Ihr Herz – um Ihre Gedanken und Gefühle. Die anderen sechs Punkte werden in den folgenden Kapiteln behandelt.

Der erste Schritt zur überzeugenden Selbstdarstellung ist, sich selbst darauf zu programmieren. Überlegen Sie, welchen Eindruck Sie machen möchten, und bereiten Sie sich entsprechend vor.

2.2 Ihre Gedanken

Aus guter Planung, den richtigen Informationen und Selbstkenntnis kann man viel Kraft ziehen. Sind Sie jemand, der gern plant und Listen anlegt, oder nehmen Sie die Dinge lieber so, wie sie kommen, und lassen das Leben seinen Gang gehen? Sind Sie ein Mensch, der mit beiden Beinen auf dem Boden der Tatsachen steht, schrittweise vorgeht und sich mit den Fakten befaßt, oder blicken Sie lieber erwartungsvoll in die Zukunft, wo neue Kontakte und aufregende Ereignisse auf Sie warten? Lassen Sie sich bei Ihren Entscheidungen von Ihrem Kopf oder von Ihrem Bauch leiten?

Individuell vorgehen
Dies alles ist keine Frage der richtigen oder falschen Einstellung, aber Sie sollten es herausfinden. Damit Sie sich in Ihrer Haut – und damit in Ihrer üblichen Vorgehensweise – wohlfühlen, sollte Ihre Einstellung der Welt gegenüber mit Ihrer inneren Einstellung harmonieren.

Wie überzeugend Ihre Selbstdarstellung ist, hängt auch davon ab, inwieweit Sie als Individuum bereit sind, Ihr Verhalten einer kritischen Prüfung zu unterziehen und es gegebenenfalls entsprechend zu ändern.

Analysieren Sie, welche Vorgehensweise Ihnen liegt, wie Sie Dinge angehen. Stimmen Sie Ihre Aktivitäten mit Ihren Kenntnissen, Neigungen und Fähigkeiten ab. Nur dann können Sie überzeugen!

2.3 Ihre Gefühle

Wirken Sie nach außen hin selbstbewußt, leben aber immer in der Angst, daß die Welt eines Tages entdeckt, wie unsicher Sie eigentlich sind? Werden Sie manchmal von Selbstzweifeln gequält, oder haben Sie hin und wieder das Gefühl, daß Ihr Leben Ihnen aus der Hand gleitet?
Auch die erfolgreichsten Leute werden eingestehen, daß sie Angst davor haben, daß die Seifenblase eines Tages platzen und dann ihr gar nicht selbstbewußtes und kompetentes Inneres bloßgestellt werden könnte. Selbstachtung bedeutet, daß wir gelernt haben, nicht in ständiger Angst vor einer Enttarnung zu leben, sondern uns mit unserem wahren Selbst wohlzufühlen.

Selbstachtung beruht auf
- dem Recht, wir selbst zu sein
- der Anerkennung unserer Fertigkeiten und unserer Leistung
- der Kanalisierung unserer Energie in die Richtung, die für uns persönlich die beste ist
- einer sinnvollen Organisation unserer Zeit, so daß wir tun können, was wir wollen (und nicht nur das tun müssen, was andere von uns verlangen).

Selbstachtung kann man sehen
Wenn Sie sich nicht selbst zu schätzen wissen, wird sich das unweigerlich durch Ihr Aussehen, Ihre Bewegungen und Ihren Tonfall auch anderen mitteilen. Falls Sie aber Selbstachtung haben und sich mit sich selbst wohlfühlen, sind Sie ein umgänglicherer Mensch, sind auf

andere nicht so angewiesen und machen daher einen positiveren Eindruck.
Wissen Sie, wie Sie aussehen, wenn Ihre Selbstachtung gering ist? Wenn Sie unter Druck stehen? Wenn die Dinge nicht so laufen, wie Sie es wollen? Wenn Sie wütend oder deprimiert sind? Vielleicht runzeln Sie in solchen Fällen die Stirn, Ihre Bewegungen sind hektisch, Sie atmen zu schnell, hören nicht mehr zu, werden sarkastisch, konzentrieren sich auf das Problem statt auf seine Lösung, schalten ganz ab oder ziehen sich zurück. Jede Maßnahme, durch die Sie Ihre Selbstachtung steigern können, wird sich daher auch äußerlich zeigen.

Selbstvertrauen ist leicht zu erschüttern

Eine Vernachlässigung läßt sich nicht verbergen. Wenn Sie sich nicht genug um Ihren Verstand, Ihre Seele und Ihren Geist gekümmert haben, wird sich das nach außen hin genauso zeigen wie eine Vernachlässigung Ihres Körpers. Wenn wir uns um uns selbst kümmern, wächst unser Selbstvertrauen, doch dieses Selbstvertrauen scheint manchmal auf unsicherem Boden gebaut zu sein. Eine einzige beiläufige Bemerkung, eine Präsentation, die nicht ganz so hervorragend ausfällt, oder ein Tag, an dem Sie das Falsche angezogen haben, können Ihr ganzes Selbstvertrauen wieder zunichte machen. Überlegen Sie daher, was Sie tun können, um Ihr Bild von sich zu stärken:

- Wissen Sie, welche Dinge Ihnen Selbstvertrauen geben?
- Wissen Sie, welche Dinge Ihr Selbstvertrauen untergraben können?

- Wissen Sie, wie Sie eine Steigerung Ihres Selbstvertrauens erreichen können?

Was es Sie auch an Zeit, persönlichen Beziehungen, Geld oder Anstrengungen kosten mag, Ihr Selbstvertrauen für einen besonderen Anlaß zu heben – es lohnt sich auf jeden Fall!

Wie Sie Ihre Nerven in den Griff bekommen

Wenn wir nervös sind, sendet unser Verstand dem Körper Signale, die sagen: „Das kann ich nicht ...“, „Ich werde mich total blamieren ...“, „Davor habe ich wirklich Angst ...“

Auch wenn Ihnen solche Gedanken unangenehm sind, sollten Sie ihnen eigentlich dankbar sein, denn Sie können versuchen, diese Symptome und damit ihren Auslöser gezielt zu bekämpfen. Was macht Ihr Verstand in einer solchen Situation? Und Ihr Körper? Wie fühlen Sie sich? Üben Sie einen Mechanismus ein, der Ihre Nervosität dämpft. Der Schlüssel liegt auch hier in einer angemessenen Vorbereitung auf die Situation. Anhand der folgenden Beispielsituationen, die häufig Anlaß für Nervosität sind, erfahren Sie, wie Sie gelassener werden können.

Selbstachtung und Selbstvertrauen sind unerläßlich, wenn Sie überzeugend auftreten möchten. Ihre Einstellung manifestiert sich körperlich; andere können also sehen, wie Sie sich fühlen. Freunden Sie sich auch mit Ihren Schwächen an, und tun Sie alles, um Ihr Selbstwertgefühl zu stärken.

2.4 Beispiel: Das Vorstellungsgespräch

Behalten Sie immer im Hinterkopf: Bei Vorstellungsgesprächen gibt es – im Gegensatz zu beispielsweise Prüfungen in Geschichte – keine „richtigen" Antworten. Es gibt lediglich angemessene Antworten und Reaktionen, durch die man dem Firmenvertreter zeigen kann, mit was für einem Menschen er es zu tun hat. Trotzdem kann es nicht schaden, sich die Antworten auf vorhersehbare Fragen (bei denen es zum Beispiel um Ihre Qualifikation, Kommunikationsfähigkeit, bisherige Berufserfahrung und Ihre Leistungen in der letzten Zeit gehen kann) vorher zu überlegen. Sie könnten aber auch mit Fragen konfrontiert werden, die Aufschluß über Ihre Selbstkenntnis, Ihre Ansichten zu aktuellen Problemen oder Ihren Meinungsbildungsprozeß geben sollen.

Die klassischen Fragen

1. Warum gerade Sie? Welche drei Dinge könnten Sie leisten oder beitragen, wenn wir uns für Sie entscheiden?
2. Warum gerade unsere Firma? Was reizt Sie an dieser Stelle?
3. Warum gerade jetzt? Wie paßt diese Position in Ihre langfristige Berufsplanung? Wie passen Ihre eigenen Pläne in die strategische Entwicklung unserer Firma?
4. Erzählen Sie mir von einem Problem, das sich Ihnen in den letzten Monaten gestellt hat; wie sind Sie damit umgegangen?
5. Bei welchem Managementstil laufen Sie zu Höchstform auf?
6. Was frustriert Sie?

7. Wie schnell würde Ihre Arbeit bei uns Ergebnisse bringen?
8. Falls Sie drei Wünsche für die Zukunft unseres Wirtschafts- oder Berufszweigs frei hätten, wie würden sie aussehen?

Eine überzeugende Selbstdarstellung beim Vorstellungsgespräch ist gar nicht so schwer, werden doch meist die gleichen Fragen gestellt. Bereiten Sie sich darauf sorgfältig vor, und achten Sie darauf, insgesamt ein stimmiges Bild abzugeben.

2.5 Beispiel: Die Besprechung

Besprechungen bieten Ihnen eine gute Möglichkeit, sich zu zeigen, Ihren Stil auszutesten und Ihre Selbstdarstellung zu verbessern. Wenn Sie Strategien für Besprechungen entwickeln, sollten Sie besonderes Augenmerk auf Ihren Kommunikationsstil legen, mit dem Sie andere beeinflussen und in die gewünschte Richtung lenken können. Wichtig ist, daß Sie Ihre Gefühle immer beherrschen. Überlegen Sie sich vorher, was Sie sagen wollen, und lassen Sie sich von stimmgewaltigen, aggressiven oder brillanten Teilnehmern nicht einschüchtern.

Wenn Sie das erste Mal eine Besprechung leiten

Ist der Besprechungsleiter seiner Aufgabe nicht gewachsen, kann die Besprechung (zeitlich) aus dem Ruder laufen; dann bleiben Probleme oft ungelöst und wichtige

Entscheidungen ungefällt. Berücksichtigen Sie daher vor jeder Besprechung die folgenden Punkte:

1. Legen Sie ein eindeutiges Ziel für die jeweilige Besprechung fest.
2. Sie müssen die am besten informierte Person der ganzen Gruppe sein. Es ist unmöglich, eine Besprechung effektiv zu leiten und sich gleichzeitig ausführliche Notizen zu machen. Übertragen Sie die Protokollführung einem anderen Teilnehmer.
3. Setzen Sie Besprechungen nur dann an, wenn sie wirklich notwendig sind. Regelmäßige Besprechungen sind sinnlos – es sei denn, es gäbe in festen Zeitabständen neue Informationen und es müßten dann immer wieder Entscheidungen getroffen werden, die nicht auf andere Weise gefällt werden können.
4. Begrenzen Sie die Teilnehmerzahl.
5. Informieren Sie alle über die Ziele, die Rahmenbedingungen und den Zeitplan.
6. Regen Sie alle Teilnehmer an, sich am Gespräch konstruktiv zu beteiligen.
7. Bleiben Sie, wenn möglich, auf dem vorgezeichneten strategischen Weg, bei den Tagesordnungspunkten, und überlassen Sie die Details Arbeitsgruppen.
8. Geben Sie am Ende jedes Punktes eine Zusammenfassung. Machen Sie deutlich, was von wem erledigt werden soll.
9. Lassen Sie keine „Szenenwiederholungen" zu. Falls jemand bei der letzten oder gar bei mehreren Besprechungen gefehlt hat und einen Punkt erneut auf die Tagesordnung setzen will, müssen Sie das ablehnen.
10. Halten Sie auch zwischen den Besprechungen Kontakt zu den Teilnehmern, bauen Sie Brücken.

Besprechungen bieten eine gute Möglichkeit, seine Selbstdarstellung zu üben. Überlegen Sie vorher, welchen Kommunikationsstil Sie anwenden möchten. Als Besprechungsleiter gilt es einige zentrale Regeln zu beachten.

2.6 Beispiel: Die Präsentation

Egal, ob Sie vor Kollegen etwas erläutern oder eine Präsentation bei einem wichtigen Kunden halten müssen – Sie werden keinen guten Eindruck machen, wenn Sie sich nicht vorbereitet haben. Sogar sehr erfahrene Redner haben jedes Mal einen Plan. Daß bei ihnen alles so leicht aussieht, ist ja gerade der Trick!

Sich in die richtige Stimmung versetzen
Versetzen Sie sich schon frühzeitig in die richtige Stimmung. Ziehen Sie sich nicht erst im Auto oder auf der Toilette um. Zeigen Sie jedem, der Ihnen über den Weg läuft – in der U-Bahn, im Parkhaus, am Empfang, im Fahrstuhl –, die beste Seite Ihres beruflichen Selbsts. Auf diese Weise wird Ihre Ausstrahlung Selbstvertrauen signalisieren.

Kernfragen der Präsentation
Bevor Sie auch nur einen Gedanken auf den Inhalt Ihrer Präsentation verwenden, sollten Sie die folgenden Schlüsselfragen beantworten:

1. Weiß ich genau, was die Situation mir bringen soll?
2. Weiß ich, wer anwesend sein wird und was die Betreffenden von mir erwarten?

3. Wieviel Zeit habe ich?
4. Wo findet die Präsentation statt?
5. Worum geht es genau?

Konzentrieren Sie sich auf die 90 Prozent, die den ersten Eindruck ausmachen (vgl. Seite 13): Sie müssen kompetent aussehen, die angemessene Körpersprache einüben und mit Ihrem Lampenfieber fertig werden. Dann können Sie Ihre geistige Energie auf den Inhalt Ihrer Präsentation richten. Das soll nicht heißen, daß man den Stil über den Inhalt stellen soll – ich möchte Ihnen lediglich verdeutlichen, wie Sie einer möglichst großen Zahl von Zuhörern wichtige Informationen vermitteln und dabei ihr Interesse wachhalten sowie sich ihren Respekt bewahren können. Falls Sie nicht diszipliniert vorgehen und keinen Plan ausgearbeitet haben, könnte es schon zehn Minuten dauern, bis Sie die Anwesenden begrüßt und über den Inhalt Ihrer Präsentation informiert haben – und eine solche Zeitspanne ist, gerade bei kurzen Präsentationen, zu lang!

Für ein überzeugendes Auftreten ist wichtig, daß Verhalten und Einstellung übereinstimmen.

- ***Ihre Gedanken manifestieren sich unbewußt in Ihrer Körpersprache.***
- ***Versuchen Sie, Ihr Selbstvertrauen zu stärken, indem Sie sich bewußt machen, welche Erwartungen jeweils an Sie gestellt werden.***
- ***Bereiten Sie sich für jede Situation gezielt vor. Nur mit einem Plan im Hinterkopf werden Sie einen guten Eindruck erwecken können.***

3. Ihre Ziele, Ihr Publikum

Die Wahrscheinlichkeit, daß Ihnen eine überzeugende Selbstdarstellung gelingen wird, ist größer, wenn Sie sich genau darüber im klaren sind, wie Ihre Ziele im Hinblick auf die jeweils anstehende Situation aussehen.

In diesem Kapitel erfahren Sie, wie Sie Ihre Ziele und Ihr Publikum analysieren können. Zeit, die Sie darauf verwenden, Ihre Ziele und Erwartungen zu definieren, ist nie verschwendet. Dieser Prozeß wird dynamischer und interessanter sein, wenn Sie sich nicht nur auf die Wirklichkeit konzentrieren, sondern auch Ihre Phantasie spielen lassen und für Unerwartetes offen sind!

3.1 Die richtige Zielsetzung

Sie möchten sich gut darstellen und haben wahrscheinlich vor Ihrem inneren Auge ein Bild von sich selbst – wie Sie wirken, welche Ziele Sie erreichen. Bevor Sie daran gehen, diese Ziele zu verwirklichen, sollten Sie noch einmal überlegen, ob Sie wirklich die richtigen Zielsetzungen haben. Der Prozeß der Zielsetzung ist effektiv, wenn er die folgenden sechs Kriterien erfüllt:

1. Mehrere kleine Ziele sind leichter zu erreichen als ein großes: „Ich möchte mehr Kontakt zum Vorsitzenden unseres Tennisvereins haben, dann möchte ich in den Beirat aufgenommen werden und schließlich Pressesprecher werden" ist erfolgversprechender als „Ich will berühmt werden".
2. Realismus: Ihre Ziele sollten zu erreichen sein, nicht hypothetisch gesetzt werden.

3. Relevanz: Sind Ihre Ziele, auch langfristig gesehen, richtig gesetzt? Das Leben geht weiter, und so ändert sich auch Ihre berufliche Situation.
4. Handlungsorientierung: Wissen Sie, was Sie konkret tun können, um Ihre Ziele zu erreichen?
5. Zeitliche Fixierung: In welcher Zeit möchten/können Sie Ihr Ziel erreichen?
6. Weitgehende Ausschaltung der äußeren Umstände: Ihre Ziele müssen auch dann noch realisierbar sein, wenn sich die Rahmenbedingungen ändern. Sie sollten also Herr der Lage sein und improvisieren können, wenn sich in Ihrem Umfeld etwas verändert.

Die Ziele erreichen
Sich über seine Ziele klarzuwerden ist gar nicht immer so leicht. Es wird Ihnen helfen, wenn Sie die Situation in kleine Einheiten zerlegen und sich einige Schlüsselfragen stellen. Nicht alle Fragen sind für jede Situation relevant, und es könnte sein, daß Sie mehrere Anläufe unternehmen müssen, bis Sie die richtigen Antworten gefunden haben.

- Warum mache ich das, was will ich damit erreichen?
- Was muß ich tun, um es zu erreichen?
- Wen muß ich mir zum Verbündeten machen?
- Welche Hilfsmittel könnte ich benötigen?
- Was könnte mich aufhalten?
- Wer könnte das gewünschte Ergebnis verhindern?
- Was dürften die größten Hindernisse sein?
- Habe ich mich für den richtigen Weg entschieden, um mich überzeugend darzustellen?
- Habe ich das richtige Publikum?

Bevor Sie darangehen, sich so darzustellen, daß Sie ein bestimmtes Ziel erreichen, sollten Sie noch einmal überlegen, ob dieses Ziel wirklich richtig gesetzt ist.

Um sich überzeugend darzustellen, ist es wichtig zu wissen, warum Sie das eigentlich wollen. Ebenso sollten Sie natürlich in Betracht ziehen, was Sie daran hindern könnte. Im folgenden werden die häufigsten Gründe für den Wunsch nach einer gelungenen Selbstdarstellung genannt. Kreuzen Sie an, welcher davon bei Ihnen zutrifft.

- ☐ Weil ich es tun muß: „Es gehört nun einmal zu meinen Aufgaben, den Vertriebsleuten neue Finanzprodukte vorzustellen."
- ☐ Um mein Ansehen zu verbessern: „Nachdem ich jetzt meinen Betriebswirt habe, möchte ich meine neuen Kenntnisse gern meinen Kollegen und meinem Chef vorführen."
- ☐ Um mich nicht unbeliebt zu machen: „Wer sich vor den Teampräsentationen drückt, macht sich wirklich unbeliebt. Deshalb will ich mich bemühen, in dieser Hinsicht stärker aktiv zu werden."
- ☐ Um die richtigen Leute zu beeinflussen: „Ich möchte denjenigen, die für die Zusammenstellung des neuen Projektteams verantwortlich sind, zeigen, daß ich dafür sehr geeignet bin."
- ☐ Um etwas zu beweisen: „Ich habe schon immer gesagt, daß man das Finanzwesen auch für Manager attraktiv machen kann, die nicht aus diesem Bereich kommen. Diese Ansicht möchte ich dem Finanzteam glaubhaft vermitteln."

- ☐ Ich will das Richtige tun: „Ich möchte beim nächsten Meeting mit der Nachbarabteilung nicht wieder ins Fettnäpfchen treten, sondern meine Kompetenz deutlich herausstellen."
- ☐ Ich verspreche mir davon berufliche Vorteile: „Ich möchte, daß mein Forschungsbericht bei der nächsten Fachtagung angenommen wird, damit man mich als ernsthaften Fachmann auf meinem Spezialgebiet betrachtet."

Welche Motive herrschen bei Ihnen vor? Versuchen Sie, einen Hauptpunkt herauszukristallisieren, den Sie besonders verfolgen.

Was könnte Sie aufhalten?

Es ist ganz natürlich, Angst zu haben oder zumindest Unbehagen zu verspüren, wenn Sie aus Ihrem gewohnten Arbeitsrhythmus heraustreten und sich darstellen sollen. Jede Selbstdarstellung birgt natürlich Risiken in sich, doch wenn Sie keine Fehler machen, aus denen Sie etwas lernen können, werden Sie sich auch nicht weiterentwickeln. Zwei Punkte werden immer wieder genannt, wenn Leute erklären, warum Sie sich nicht verkaufen können:

1. Angst
   - Angst vor dem Versagen – Angst vor dem Erfolg
   - Angst vor einem Anfang – Angst vor einem Ende
2. Verschleppungstaktik: „Ich werde es tun, wenn ...
   - ... ich abgenommen habe
   - ... ich mehr Informationen habe
   - ... ich mich stärker fühle
   - ... wir in das neue Bürogebäude umgezogen sind."

Führen Sie sich deutlich vor Augen, warum Ihnen so viel an einer guten Selbstdarstellung liegt. Berücksichtigen Sie ebenso, was Sie daran hindern könnte, einen guten Eindruck zu machen.

3.2 Erwartungen des Publikums

Mit „Publikum" sind alle gemeint, die Sie beeindrucken wollen – alle, die Ihre Gedanken und Gefühle, Ihr Image, Ihr Verhalten und Ihren Kommunikationsstil empfangen werden. Eine überzeugende Selbstdarstellung ist unmöglich, wenn Sie zu ängstlich sind, um sich Ihrem Publikum zu stellen. Das Publikum wird weniger bedrohlich wirken, wenn Sie etwas über es wissen. Ob es sich nun um eine einzige Person handelt, um zehn oder um Tausende von Menschen – Sie brauchen Informationen, damit Sie Ihr eigenes Vorgehen den Erwartungen Ihres Publikums anpassen können.

Das Publikumsprofil

Für ein Publikumsprofil müssen Sie sich Informationen über die Größe Ihres Publikums, seine Zusammensetzung und die Vorkenntnisse und Interessen der einzelnen beschaffen. Mit Hilfe dieser Daten können Sie die Situation besser analysieren und auf die Erwartungen Ihrer Mitmenschen gezielt eingehen.

Ein Weg, um sein Publikum einzuordnen, besteht darin, eine Liste mit entgegengesetzten Charakteristika durchzuarbeiten. Überlegen Sie, wo auf den folgenden Skalen Ihr Publikum bzw. die Situation einzuordnen ist:

feindselig	freundlich
Entscheidungsträger	Informationssuchende
Unterhaltung	Verkaufsgespräch
privates Treffen	Geschäftsbesprechung
Fachleute	keine Fachleute
vertraute Gruppe	Fremde
kleine Gruppe	großer, unpersönlicher Kreis

Sie können das Publikumsprofil auch erstellen, indem Sie folgende Fragen systematisch beantworten:

- Wer wird da sein (Name, Funktion)?
- Wie viele werden es sein?
- Wie sieht die Altersspanne aus?
- Sind es Männer und Frauen?
- Ist es eine homogene oder eine heterogene Gruppe (in bezug auf Fachwissen, Vorkenntnisse usw.)?
- Wo stehen sie in der Hierarchie?
- Welche Erwartungen bringen sie mit?
- Über welches Fachwissen verfügen sie?
- Welche Vorkenntnisse haben sie?
- Haben sie Interesse an dem, was Sie erzählen?
- Hegen sie irgendwelche Vorurteile?
- Warum sollten sie Ihnen zuhören wollen?
- Sind sie wie Sie?

Die Angst vor dem Publikum können Sie reduzieren, indem Sie herausfinden, wie es ist. Beschaffen Sie sich Informationen über Zusammensetzung, Erwartungen, Alter usw.

Sich den Publikumserwartungen anpassen

Suchen Sie im nächsten Schritt die drei wichtigsten Charakteristika Ihres Publikums heraus, und schneiden Sie Ihre Selbstdarstellung auf diese Aspekte zu, z. B.:

- Falls es Fachleute auf Ihrem eigenen Spezialgebiet sind: Konzentrieren Sie sich darauf, daß Ihre Fakten stimmen, und halten Sie ein As bereit (neue Informationen oder Erkenntnisse, überraschende Fakten). Stellen Sie sich darauf ein, der Eitelkeit Ihres Publikums zu schmeicheln und es nach seiner Ansicht zu fragen.
- Falls es eine große, unpersönliche Gruppe ist und die meisten sich untereinander nicht kennen: Erzählen Sie eine nette Anekdote aus Ihrem eigenen Leben, lockern Sie die Atmosphäre auf, beziehen Sie das Publikum mit ein, indem Sie rhetorische Fragen stellen oder es mit scheinbaren Problemen konfrontieren, für die sich leicht Lösungen finden lassen.

Sie wirken nur über Ihr Publikum!

Denken Sie einmal über den Zusammenhang zwischen Ihrem eigenen Image und Ihrem Publikum nach. Ihr Image kann nur dann Realität werden, wenn es ein Publikum gibt, das darauf reagiert – auch wenn dieses Publikum nur aus einer einzigen Person bestehen sollte.

Wenn Sie sich selbst vermarkten wollen, ist Ihr potentielles Publikum ungeheuer groß, nämlich die ganze Arbeitswelt. Sie können sich nur dann richtig darstellen, wenn Sie Ihr Image ständig überwachen.

- Sie müssen lernen, flexibel zu sein und Ihren Stil auf unterschiedliche Zuhörergruppen abzustellen.
- Sie müssen lernen, nicht enttäuscht zu sein, wenn Ihr Stil Ihrem Publikum nicht gefällt, obwohl am Inhalt Ihrer Darstellung und an Ihrer Vortragsweise nichts auszusetzen ist.
- Sie müssen versuchen, Ihr Thema so interessant wie möglich zu gestalten – wir alle sind froh, wenn wir nicht nur mit den harten Fakten bombardiert werden, sondern der Vortragende hin und wieder eine Anekdote oder ein Bild einstreut.

Entscheidend ist, seine Selbstdarstellung den Erwartungen des Publikums anzupassen. Befriedigen Sie seine Bedürfnisse, denn nur so können Sie gut wirken!

Das innere und das äußere Publikum

Neben dem äußeren Publikum müssen Sie gewöhnlich auch noch ein inneres berücksichtigen: Ihre eigene innere Stimme. Diese könnte durch Ihre Idealvorstellung von sich selbst oder durch frühere Erfahrungen geprägt sein. Das äußere Publikum hingegen kann aus einer einzigen Person (zum Beispiel Ihrem Chef beim Beurteilungsgespräch) bestehen, oder auch aus mehreren hundert Leuten bei Ihrer ersten Präsentation auf einer Tagung.

Mit schwierigen Zuhörern umgehen

Warum müssen manche Menschen uns das Leben schwermachen, unsere Selbstdarstellung ständig unterlaufen? Sie scheinen darauf programmiert zu sein, die unangenehmsten Fragen zu stellen, mit mißbilligendem Gesicht dazusitzen, uns zu unterbrechen oder höhnische Bemerkungen zu machen. Dafür können sie ganz unterschiedliche Gründe haben: Vielleicht langweilen sie sich, oder sie wollen die Aufmerksamkeit auf sich ziehen, mit ihrem eigenen Wissen oder ihren Fähigkeiten angeben, uns einen Fehler in unseren Fakten nachweisen, Fragen stellen, die vom Thema wegführen, oder ihre eigenen Interessen auf unsere Tagesordnung setzen. Solchen schwierigen Zuhörern können Sie den Wind am besten aus den Segeln nehmen, indem Sie die folgenden Grundregeln beachten:

- Schlagen Sie nicht zurück.
- Lassen Sie sich nicht auf Auseinandersetzungen ein.
- Bleiben Sie höflich.
- Geraten Sie nicht in Panik.
- Gehen Sie rein sachlich auf die Einwände ein, halten Sie Ihre Emotionen aus dem Spiel.
- Versprechen Sie nichts, was Sie nicht halten können, nur um sich Luft zu verschaffen.

- ***Überprüfen Sie die Ziele, die Sie mit Ihrer Selbstdarstellung anstreben: Sind sie, auch langfristig gesehen, gerechtfertigt?***
- ***Beschaffen Sie sich detaillierte Informationen über Ihr Publikum, und gehen Sie auf dessen Erwartungen ein.***

4. Der äußere Eindruck

Die nonverbale Kommunikation wird oft unterschätzt, obwohl sie bei jeder Kommunikation eine große Wirkung besitzt. Sie kann Ihnen die Tür zu den Gefühlen und Empfindungen Ihrer Mitmenschen öffnen. Die Körpersprache und die Sprache der Kleidung erreichen uns auf einer Instinktebene, bei der die Mühen des Sprechens und des Denkens nicht nötig sind.

4.1 Bedeutung der Körpersprache

Bevor auch nur ein einziges Wort über Ihre Lippen gekommen ist, vermitteln Sie Informationen über die Art und Weise, wie Sie sich bewegen, sitzen, stehen und gehen. Es gibt eine große Spannbreite informeller und formeller Körpersprache. Gute und kommunikationsfördernde Signale senden Sie, wenn Sie entspannt, aber wach wirken. Sind Sie allerdings zu entspannt, könnte Ihr Publikum das Gefühl bekommen, daß Sie sich nur für sich selbst interessieren. Falls Ihr Körper andererseits steif und statisch ist, übermitteln Sie Ablehnung und Unsicherheit. Für eine überzeugende Selbstdarstellung sind vor allem die folgenden Aspekte nonverbaler Kommunikation wichtig:

- *Blickkontakt:* Die Fähigkeit, Blickkontakt herzustellen und aufrechtzuerhalten, läßt Sie selbstbewußt erscheinen; wer den Blick senkt, wirkt dagegen unterwürfig (oder eventuell kokett).
- *Lächeln:* Ein Lächeln ist nur in ganz ernsten Situationen nicht angebracht. Es kann Wärme vermitteln, Selbstbewußtsein ausdrücken und Harmonie her-

stellen. Sie senden jedoch eine verwirrende Botschaft, wenn Sie ein Lächeln mit einem wütenden Tonfall verbinden. Ein Lächeln zum falschen Zeitpunkt kann Ihnen als Schwäche, Unsicherheit oder Koketterie ausgelegt werden.

- *Auf andere herabsehen:* Halten Sie den Kopf gewohnheitsmäßig hoch, legen ihn leicht zurück und blicken über die Nasenspitze herab? Dadurch erwecken Sie den Eindruck, daß Sie auf Ihr Gegenüber herabblicken, und Sie wirken distanziert oder überheblich. Diese Kopfhaltung ist oft für Brillenträger typisch. Falls Sie auch ohne Ihre Brille gut genug sehen, sollten Sie sie daher im Gespräch mit anderen abnehmen.
- *Haltung:* Die Art, wie Sie sitzen, stehen und gehen, läßt Sie selbstbewußt, forsch oder schüchtern, gesund oder unpäßlich wirken. Durch Ihre Haltung können Sie sehr viele nonverbale Informationen geben.
- *Gestik:* Durch Gesten kann man Wärme vermitteln. In manchen Kulturen sind besonders ausgeprägte Gesten und Handbewegungen üblich. Falls in Ihrer eigenen Familie alle mit den Händen reden, dürfte Ihnen jemand, der mit Gesten sehr sparsam umgeht, frostig oder unkommunikativ erscheinen.

Unbewußte und bewußte Gesten

Gesten wie das Winken zum Abschied oder das Zuwerfen einer Kußhand sind bewußte Handlungen. Wenn wir uns dagegen am Ohrläppchen zupfen, im Genick kratzen oder uns Haarsträhnen um den Finger wickeln, tun wir das unbewußt – derartige Gesten können wir kaum steuern. Gerade sie gelten deshalb oft als verräterisch; unsere Kommunikationspartner nehmen an, daß sie die Wahrheit sagen, während unsere gesprochenen Worte vielleicht lügen.

Bewußte Gesten können Sie auf zwei verschiedene Arten einsetzen:

- Sie können mit ihnen die verbale Botschaft unterstreichen, ähnlich dem Fett- oder Kursivdruck.
- Man kann mit ihnen etwas beschreiben, zum Beispiel die Größe oder den Umfang einer Person oder eines Gegenstandes veranschaulichen.

Ihre Körpersprache – vor allem Haltung, Gestik und Mimik – gibt Aufschluß über Ihre Einstellung und Ihre Gedanken. Da sie meist unbewußt erfolgt, haben Sie jedoch nur wenig Einfluß darauf.

Weitere wichtige Elemente der Körpersprache

- *Gesichtsausdruck:* Das Gesicht kann alle elementaren menschlichen Gefühle widerspiegeln – Angst, Wut, Glück, Überraschung usw. Manche Menschen haben wunderbar ausdrucksvolle Gesichter, während die Gesichter von anderen immer maskenhaft bleiben. Wissen Sie, wie stark Ihr eigenes Gesicht Ihre Gefühle ausdrückt?
- *Nicken:* Falls Sie nicken, während jemand spricht, könnte dieser Ihr Verhalten als Zustimmung auslegen, auch wenn Sie vielleicht nur sagen wollen: „Weiter, ich höre noch zu!“

- *Abstand wahren:* Der Schutz unseres „Reviers“ ist sehr wichtig für uns. Wir sind uns einer unsichtbaren Verteidigungszone bewußt, eines persönlichen Bereichs, der uns umgibt. Wenn jemand in diesen Bereich eindringt, ruft das bei uns ein Gefühl des Unbehagens hervor. Wie groß der Raum ist, den wir zwischen uns und andere legen wollen, ist kulturabhängig; in manchen Kulturen ist es normal, eng beieinander zu stehen, sich zu umarmen und sich zu berühren. In der deutschen Geschäftskultur legt man aber eher Wert darauf, sich nicht so nahe zu kommen.
- *Berührungen:* Menschen mit einem „warmen“ Sozialstil, die sich ständig zu anderen hinüberbeugen und deren Arm oder Bein berühren, können im Geschäftsleben als kokett, herablassend oder übertrieben freundlich beurteilt werden. Im beruflichen Umfeld sollten gegenseitige Berührungen daher auf das Händeschütteln beschränkt bleiben.

Ihre Körpersprache verrät nicht nur Ihre Gedanken und Gefühle Ihnen selbst gegenüber, sondern auch Ihre Gedanken und Gefühle für Ihre Mitmenschen.

4.2 Beispiel: Körpersprache in der Besprechung

Sie wirken nervös,

- wenn Sie sich die Ohrringe ständig abnehmen und wieder anstecken
- wenn Sie mit Kette oder Ringen spielen

- wenn Sie sich Haarsträhnen um den Finger wickeln
- wenn Sie mit dem Kugelschreiber klicken
- wenn Sie mit dem Kleingeld in der Jackentasche klimpern
- wenn Sie Ihre Haare nach Spliß absuchen
- wenn Sie Büroklammern oder Stifte auf dem Tisch hin- und herschieben
- wenn Sie ständig Ihre Brille hochschieben
- wenn Sie sich über den Bauch streichen
- wenn Sie sich häufig mit der Zunge über die Lippen fahren.

Was Sie in Besprechungen tun und lassen sollten

- Beugen Sie sich vor, legen Sie die Hände auf den Tisch – nehmen Sie den Ihnen zustehenden Bereich in Besitz!
- Wühlen Sie nicht in Ihren Unterlagen herum, während Sie sprechen. Dann wirken Sie nämlich desorganisiert und senden anderen das Signal, daß sie Sie unterbrechen dürfen.
- Wenn Sie etwas sagen oder jemand unterbrechen wollen: Stellen Sie Blickkontakt mit dem Sprecher oder dem Besprechungsleiter her, nehmen Sie Ihre Brille oder Ihre Ohrringe ab, und heben Sie die Hand oder Ihren Füller.

In Besprechungen sollten Sie vor allem nervöse, unkontrollierte Handbewegungen unterlassen, um nicht den Eindruck zu vermitteln, die Sitzung langweile Sie. Treten Sie überzeugend auf, und nehmen Sie den Ihnen zustehenden Raum in Anspruch.

4.3 Beispiel: Körpersprache bei der Präsentation

Passen Sie die nonverbalen Aspekte den verbalen an. Um was für eine Präsentation handelt es sich? Wie wird die Atmosphäre sein, wie das Publikum? Wenn Sie die Situation gut einschätzen können, können Sie gegebenenfalls – je nach der Reaktion des Publikums und dem Inhalt Ihrer Botschaft – Ihren Stil wechseln. Generell unterscheidet man zwei Arten, wie man bei einer Präsentation auftreten kann: informell und formell.

Informell

Um eine informelle Atmosphäre zu schaffen, empfiehlt sich folgendes:

- Sitzen auf der Tischkante
- Weggehen vom Pult oder Tisch
- Hin- und Hergehen
- sich auf das Pult lehnen
- die Hände in die Taschen stecken
- das Jackett oder die Jacke ausziehen, die Krawatte lockern.

Solches Verhalten ist für Workshops und ungezwungene Veranstaltungen geeignet. Vorgesetzte können es gut gegenüber Mitarbeitern einsetzen, um eine angenehme, entspannte Atmosphäre zu erzeugen.

Formell

Ein formelles Klima wird durch folgendes gefördert:

- aufrechte Haltung, ruhiges Stehen
- Verharren am Pult

- Distanz des Körpers zum Pult (kein Anlehnen)
- auf die Ränder des Pults gelegte Hände
- wenig Gesten
- zugeknöpftes Jackett.

Wählen Sie eine formelle Vorgehensweise, wenn Sie zu Vorgesetzten sprechen, bei ernsten Situationen oder einem Publikum, das Ihnen nicht wohlgesonnen ist. Sie können dadurch Stärke und Autorität ausstrahlen.

Bei Präsentationen können Sie informell oder formell auftreten, um eine entspannte Atmosphäre oder aber eine konzentrierte Arbeitssituation zu schaffen. Den jeweiligen Stil prägen Sie, indem Sie die entsprechende Körpersprache einsetzen.

4.4 Die Sprache der Kleidung

Viele Leute sind unsicher, wie sie sich für ein bestimmtes Publikum „stylen" sollen. Dabei kann es sich um das Publikum handeln, mit dem sie jeden Tag zusammentreffen (ihre Kollegen), aber auch um die Zuhörer bei öffentlichen Präsentationen. Die Betreffenden sind in beiden Fällen unsicher und wissen nicht, wie sie sich innerhalb einer immer umfangreicher werdenden Palette von Kleidungsmöglichkeiten entscheiden sollen. Frauen, die eine größere Wahlmöglichkeit haben, tun sich damit generell schwerer. Untersuchungen haben ergeben, daß man bei ihnen besonders von der Kleidung auf Rang und Fähigkeiten schließt.

Man ist, was man trägt

Auch wenn es unlogisch scheinen mag, das Aussehen eines Menschen mit seiner Persönlichkeit in Verbindung zu bringen, tun wir das alle. Wie wollen Sie sich selbst darstellen? Stimmen Ihre Vorstellungen mit der Wirklichkeit überein? Fangen Sie wieder in Ihrem Inneren an, und machen Sie sich Gedanken über den Zusammenhang zwischen Image und Kleidung. Wo würden Sie sich selbst auf der folgenden Skala einordnen, welchen Kleidungsstil bevorzugen Sie?

ausdrucksvoll	neutral	funktionell

Kleidungsstile

- Ausdrucksvoll: kann stundenlang nach Kleidungsstücken stöbern und benutzt sie, um seine Stimmungen und Gefühle zum Ausdruck zu bringen; sieht in der Kleidung eine Form der Kunst
- Neutral: fügt sich einfach den gesellschaftlichen Regeln; kleidet sich seinem Geldbeutel entsprechend, nicht besonders modisch oder elegant
- Funktionell: wählt seine Kleidung dem Anlaß entsprechend; das kann ihm Spaß machen oder auch nicht.

Jeder schließt von der Kleidung seines Gegenübers auf dessen Fähigkeiten, Rang und Kenntnisse. Der Wahl der eigenen Garderobe sollten Sie daher große Aufmerksamkeit schenken, denn sie kann Ihnen helfen, den gewünschten Eindruck zu vermitteln.

Welches Bild möchten Sie vermitteln?
Stimmen Sie Kleidung, Frisur und Accessoires genau auf die Situation ab, damit Sie das gewünschte Image vermitteln. Ein Kleidungsstück kann verschiedene Wirkungen erzielen, je nachdem, wie Sie es kombinieren. So kann ein roter Blazer zusammen mit einem kurzen, marineblauen Rock und einer einreihigen Perlenkette bei einem Vorstellungsgespräch konservativ, aber geschäftsmäßig aussehen. Wenn Sie die gleiche Jacke hingegen mit einer beigen langen Hose, Riemchenschuhen und Modeschmuck kombinieren, sehen Sie beschwingt aus und sind beispielsweise für eine Verkaufstagung passend gekleidet. Bevor Sie daher viel Geld für neue Kleidungsstücke ausgeben, sollten Sie neue Kombinationsmöglichkeiten ausprobieren.

Die ideale Kleidung
Unabhängig von der konkreten Situation – ob nun geschäftlich oder gesellschaftlich, formell oder ungezwungen – wird die ideale Kleidung genau den Eindruck unterstreichen, den Sie erwecken wollen. Zusätzlich wird sie

- Ihnen schmeicheln
- bequem sein
- Ihnen Selbstvertrauen geben
- Ihre Persönlichkeit widerspiegeln
- den gesellschaftlichen Kleidungsregeln entsprechen.

Um sich überzeugend darzustellen, müssen Sie einen Mittelweg finden zwischen dem, was Ihnen gefällt, und dem, was erforderlich ist. Im Idealfall harmonieren beide Aspekte perfekt miteinander.

Gleich und gleich gesellt sich gern

Wenn wir jemanden kennenlernen, der sich ähnlich kleidet wie wir selbst, nehmen wir automatisch an, daß auch seine Einstellungen, Überzeugungen und Wertvorstellungen den unseren ähneln. Führen Sie doch selbst einmal folgendes Experiment durch: Wenn Sie das nächste Mal mit einer Gruppe fremder Leute zusammen sind, zum Beispiel bei einem externen Training, und Sie feststellen, daß Sie mit einer bestimmten Person besser zurechtkommen als mit den anderen, sehen Sie sich doch einmal genau an, was sie anhat. Inwieweit ist ihre Kleidung ein Spiegelbild der Ihren? Es geht nicht darum, ob die Kleidungsstücke gleich sind, sondern ob der „Look" ähnlich ist.

Menschen, die gut miteinander auskommen, bevorzugen oft einen ähnlichen Stil. Meist sind sie auch geneigt, eher untereinander als mit anderen geschäftliche Beziehungen aufrechtzuerhalten.

Durch die Wahl Ihrer Kleidung können Sie das Bild, das Sie abgeben, wesentlich modellieren. Das richtige Outfit unterstreicht Ihre persönlichen Stärken und vermittelt Ihnen so mehr Selbstbewußtsein und läßt Sie überzeugend auftreten.

4.5 Richtig gekleidet beim Vorstellungsgespräch

Beim „Antrittsbesuch" in einer neuen Firma – vielleicht Ihrem künftigen Arbeitgeber – kommt es darauf an, fachlich kompetent und seriös zu wirken. Je nach Branche können Sie auch einen Schuß Kreativität oder Extravaganz einfließen lassen. Sie werden in jedem Fall richtig liegen, wenn Sie folgendes beachten:

- Finden Sie heraus, was die anderen von Ihnen erwarten, und erfüllen Sie diese Erwartungen. Spielen Sie eine Rolle, und ziehen Sie das entsprechende „Kostüm“ an.
- Für Frauen ist eine Jacke in einer leuchtenderen oder in einer Pastellfarbe akzeptabel, Rock und Schuhe sollten jedoch in einer gedämpften Farbe gewählt werden.
- Bevorzugen Sie klassisches Styling statt extravaganter Kleidung.
- Parfum oder Aftershave sollten Sie sehr sparsam dosieren.
- Frauen sollten unbedingt eine Strumpfhose anziehen. Ihr Make-up sollte dezent sein; überlange, leuchtend rote Fingernägel sind unpassend.
- Männer sollten gut rasiert sein. Ihre Socken sollten so lang sein, daß man beim Sitzen kein nacktes Fleisch sieht. Die Krawatte kann interessant, darf aber nicht witzig sein.

Der äußere Eindruck bestimmt maßgeblich, ob Ihre Selbstdarstellung überzeugt.

- ***Versuchen Sie, mit Ihrer Körpersprache positive Signale auszusenden.***
- ***Ihre Kleidung sollte exakt auf die jeweilige Situation abgestimmt sein.***

5. Stimme und Botschaft

Kennen Sie die Elemente, die Ihren Sprechstil beeinflussen? *Seite 53*

Wissen Sie, welche Sätze sich für Gesprächseinstieg und -abschluß eignen? *Seite 59*

Welche Formulierungen dürfen Sie auf keinen Fall verwenden? *Seite 62*

Wie Sie Ihre Botschaft vorbringen, ist fast ebenso wichtig wie deren Inhalt. Untersuchungen zufolge übermitteln Ihre Stimme und Ihr Tonfall immerhin 38 Prozent Ihrer Botschaft. Glück oder Wut teilen wir unserem Publikum mit, indem wir lauter, schneller und mit höherer Stimme sprechen. Gefühle wie Langeweile, Traurigkeit oder Niedergeschlagenheit hingegen drücken wir aus, indem wir leiser und langsamer, mit tieferer Stimme und flacherer Intonation sprechen.

5.1 Der überzeugende Sprechstil

Nutzen Sie die vielfältigen Ausdrucksmöglichkeiten Ihrer Stimme, um sich gut darzustellen. Zu Ihrem persönlichen Sprechstil tragen folgende Faktoren bei:

1. Vortragsstil
2. Stimmhöhe
3. Sprechtempo
4. Pausen
5. Deutlichkeit
6. Lautstärke
7. Sprachfluß

Bereiten Sie Ihre überzeugende Selbstdarstellung vor, indem Sie bei jedem dieser Aspekte prüfen, ob und wie Sie Ihren Sprechstil noch verbessern können.

1. Vortragsstil
Der Vortragsstil beeinflußt Ihre Wirkung in den verschiedensten Situationen – nicht nur bei großen, sorg-

fältig geplanten Präsentationen oder bei Trainingskursen, sondern auch dann, wenn Sie bei einer Besprechung oder einem Brainstorming etwas sagen möchten. Idealerweise sollten Sie Ihren Vortragsstil der Situation anpassen: energisch und bestimmt, wenn Sie Ihre Meinung durchsetzen möchten, und beruhigend, wenn Sie bei hitzigen Diskussionen zu einem Ergebnis kommen möchten.

Verfügen Sie nur über einen einzigen Vortragsstil, oder können Sie Ihren Stil variieren? Wo würden Sie sich auf der folgenden Skala einordnen?

vernunftbetont	aufbrausend

2. Stimmhöhe

Wo liegt Ihre natürliche Stimmhöhe? Nehmen Sie Ihre Stimme doch einmal auf eine Kassette auf, die Sie sich dann mehrmals vorspielen können. Natürlich wird Ihre Stimme vom Band anders klingen als die, die Sie in Ihrem Kopf hören, doch Sie werden genug Informationen erhalten, um herauszufinden, wie hoch sie im Vergleich zu anderen Sprechern ist. Wo können Sie Ihre Stimme auf den folgenden Skalen einordnen?

tiefe Stimme	hohe Stimme
voller Selbstvertrauen	nervös
Herr der Lage	ängstlich

glaubwürdig	hat die Kontrolle verloren
strahlt Autorität aus	hektisch, aufgeregt

Eine höhere Stimme bringen wir leicht mit Anspannung in Verbindung: Wer mit sehr hoher Stimme spricht, riskiert den Verlust seiner Glaubwürdigkeit, und eine sehr schrille Stimme assoziieren wir mit einem Kontrollverlust. Dagegen habe ich es noch nie erlebt, daß man jemandem eine tiefe Stimme angekreidet hätte.

3. Sprechtempo

Das durchschnittliche Sprechtempo liegt bei 100 bis 120 Worten pro Minute. Schnelles Sprechen wird manchmal als Anzeichen für gedankliche Beweglichkeit ausgelegt; langsames Sprechen ohne Pausen hingegen kann langweilig und einschläfernd wirken, selbst wenn der Inhalt gut ist. Manche Leute sprechen schnell, wenn sie nervös sind, um die Sache hinter sich zu bringen. Dann entsteht leicht der Eindruck, daß sie eigentlich nichts mitzuteilen haben.

Machen Sie doch einmal die folgende Übung: Schreiben Sie sich einen aus 300 bis 400 Worten bestehenden Text, und stoppen Sie die Zeit, die Sie brauchen, um ihn auf ganz natürliche Weise laut zu lesen. Falls Sie auf mehr als 120 Worte pro Minute kommen, sollten Sie sich fragen, ob Sie schnattern, keine Atempausen einlegen oder undeutlich artikulieren. Zwar wirken Sie vielleicht sehr intelligent – aber was nützt Ihnen das, wenn niemand Ihrem Ideenfluß folgen kann?

Ihr persönlicher Sprechstil wird durch viele Faktoren geprägt, unter anderem durch Ihren Vortragsstil, Ihre Stimmhöhe und Ihr Sprechtempo. Sprechen Sie möglichst nicht zu hoch, und reden Sie nicht zu schnell.

4. Pausen

An den richtigen Stellen gesetzte Pausen verleihen der gesprochenen Sprache Dynamik. Mit ihnen kann man die Dramatik erhöhen oder bestimmte Formulierungen hervorheben. Manche Leute haben Angst davor, Pausen zu machen, weil man sie dann ja unterbrechen könnte oder weil sie den Faden zu verlieren fürchten; daher füllen sie jede Lücke mit Geräuschen wie „äh“ oder „ähem“ oder mit Worthülsen wie „falls Sie mich verstehen“. Das langgezogene „ähem“ ist eine arrogante Methode, das Publikum warten zu lassen, während man seine Gedanken ordnet. Durch häufige „ähs“ gehen Sie Ihren Zuhörern schnell auf die Nerven; sie könnten daraus schließen, daß Sie nicht wissen, wovon Sie sprechen, oder daß Sie sich nicht gut genug vorbereitet haben. Geschickt gesetzte Pausen und die Fähigkeit, die dabei entstehende Stille auszuhalten, deuten dagegen auf ein gesundes Selbstbewußtsein hin.

5. Deutlichkeit

Jemand hat einmal gesagt: „Wenn Sie auf die Konsonanten achten, kümmern die Vokale sich schon um sich selbst!“ Auch mit den brillantesten Gedanken werden Sie keinen Eindruck machen, wenn Sie sie nur gemurmelt herausbringen. Wer murmelt, schafft zwischen sich und den anderen Distanz – er läßt sie nicht in seinen

Sprachraum hinein. Wenn Sie nachlässig und undeutlich sprechen, wirken Sie arrogant oder antriebslos.

Falls Sie Dialekt sprechen, ist dies keineswegs ein Hindernis für eine überzeugende Selbstdarstellung. Der Punkt, auf den es ankommt, ist Deutlichkeit – bei der Aussprache, der Formulierung und der Bedeutung. Sie sollten dennoch möglichst Hochdeutsch sprechen, eventuell mit dialektalen Einschlägen. Versuchen Sie jedoch nicht, Ihren Dialekt zu unterdrücken – stehen Sie zu ihm, und konzentrieren Sie sich eher darauf, betont deutlich zu sprechen.

6. Lautstärke

Imaginieren Sie einen Lautstärkeregler, und stellen Sie ihn der Situation entsprechend ein! Wenn Ihre Stimme zu laut ist, können Sie aggressiv, herablassend oder nervös und unerfahren wirken. Wenn Sie hingegen zu leise sprechen, kann Sie das ebenfalls nervös wirken lassen, aber auch den Eindruck erwecken, daß Sie schwach sind – daß es Ihnen nicht gut geht, daß Sie nicht selbstbewußt genug oder zu unerfahren sind und daß Ihnen nicht klar ist, wie Ihre Stimme „ankommt“. Eine leise Stimme kann aber auch positiv gedeutet werden: Der Sprecher ist freundlich und nicht aggressiv.

7. Sprachfluß

Eine zögernde Sprechweise kann als mangelnde Vertrautheit mit dem Thema ausgelegt werden oder auch als Abneigung gegen das Sprechen. Im Gegensatz zu unvollständigen, nicht zu Ende geführten Sätzen erwecken ganze Sätze den Eindruck eleganter Gedanken.

Weitere wichtige Elemente für einen guten Sprechstil sind richtig gesetzte Pausen, deutliche Artikulation, ein angemessener Sprachfluß sowie die richtige Lautstärke.

Überzeugende Selbstdarstellung am Telefon

Bei Telefongesprächen müssen wir auf die visuellen Informationen verzichten, die die Kommunikation von Angesicht zu Angesicht erleichtern. Zu einer überzeugenden Selbstdarstellung am Telefon gehört das Zuhören ebenso wie das Sprechen. Wenn Sie beim Sprechen lächeln, klingt Ihre Stimme angenehmer. Wenn Sie eine Idee verkaufen, begeistert klingen oder selbstbewußter wirken und sich Mut machen wollen, sollten Sie es einmal mit einem ganz einfachen Trick versuchen: Stehen Sie auf!

Beachten Sie darüber hinaus folgende Punkte, die das Telefonieren noch erfolgreicher machen:

- Pflegen Sie Ihre Stimme. Atmen Sie möglichst häufig durch die Nase, weniger durch den Mund. Trinken Sie viel, jedoch keine Milch, denn Milch verdickt den Speichel. Dadurch kann Ihre Stimme einen unangenehmen Beiklang bekommen.
- Machen Sie es sich zur Regel, Leute, die Ihnen eine Nachricht hinterlassen haben, immer innerhalb von höchstens 24 Stunden zurückzurufen. Tun Sie dies nicht, verärgern Sie dadurch den Anrufer, und Ihr nächstes Telefongespräch wird unter einem ungünstigen Vorzeichen stehen.
- Schreiben Sie sich vor jedem Anruf die Punkte auf, über die Sie sprechen wollen. Legen Sie sich die

benötigten Unterlagen bereit, oder öffnen Sie die entsprechende Computerdatei. Sie wirken nicht sehr souverän, wenn Sie erst umständlich die benötigten Informationen suchen müssen.

5.2 Was sagen Sie?

Wer gut vor Publikum sprechen kann, hat einen großen Vorteil – sowohl im privaten Bereich als auch im Berufsleben. Damit die Leute Ihnen gerne zuhören, brauchen Sie kein witziger Tischredner oder brillanter Sprecher, der sein Publikum bei Tagungen mitreißt, zu sein. Jeder kann mit etwas Übung so sprechen, daß man ihm gerne zuhört. Konzentrieren Sie sich bei der Vorbereitung auf die Anfangs- und Schlußsätze, die dem Publikum besonders im Gedächtnis bleiben.

Gute Einstiegsformulierungen
Mit einem guten Einstieg nehmen Sie Ihre Zuhörer für sich ein. Sie sind Ihnen wohlgesonnen und folgen gerne Ihren Erläuterungen. Bewährt haben sich:

- Eine Anekdote oder ein Witz: Erzählen Sie nur dann einen Witz, wenn Sie ihn gut „bringen“ können und ihn nicht am Abend vorher jeder im Fernsehen gehört hat.
- Eine eindrucksvolle Geschichte: An dem Tag, an dem die Medien groß davon berichteten, daß einer amerikanischen Touristin wegen ihrer Kleidung der Zutritt in das Londoner Kaufhaus Harrods verweigert worden war, hielt ich eine Präsentation zum

Thema „Der Image-Faktor“; diese Geschichte war natürlich ein idealer Aufhänger für mich.

- Ein relevantes Zitat: Goethe und Schiller sowie die Bibel sind fast immer unerschöpfliche Quellen für gute Einsteiger.
- Ein Kompliment für das Publikum: Man kann dem Publikum ein ehrliches Kompliment über seinen Erfolg, seine Kreativität oder seine Gastfreundschaft machen.
- Eine provozierende Frage: Bei einer Besprechung zur firmeninternen Kommunikation habe ich einmal erlebt, daß es dem Besprechungsleiter sofort gelang, sein Publikum zu fesseln; er stellte nämlich die Frage: „Wer von Ihnen ist der Ansicht, daß es reine Zeitverschwendung ist, der internen Kommunikation ein neues Budget zuzuweisen?“
- Verblüffende Statistiken: „Jeder fünfte Student verfügt nicht über die elementaren Kommunikationsfertigkeiten, die die Arbeitgeber fordern“ ist eine gute Eröffnung, wenn Sie mit Studenten über deren Berufsaussichten sprechen wollen.
- Eine überraschende Eröffnung: Vor einer Gruppe von Leuten, die ihre Stelle aufgeben und sich selbständig machen wollen, könnten Sie zum Beispiel eine Kassette mit Gloria Gaynors „I will survive“ abspielen.

Die Formulierung, mit der Sie Ihren Gesprächsbeitrag eröffnen, sollten Sie gut vorbereiten. Bewährte Einsteiger wie Fragen, Zitate, Komplimente oder Statistiken haben fast immer eine positive Wirkung aufs Publikum.

Gute Abschlußformulierungen

Durch einen gelungenen Schlußsatz runden Sie Ihre Ausführungen ab und hinterlassen einen guten Eindruck bei Ihrem Publikum.

- Ein überraschender Schluß: Manchmal ist die Botschaft selbst gar nicht das Wichtigste. Ich habe schon mit einem Tanz oder einem Lied (natürlich bei verschiedenen Gelegenheiten) aufgehört, weil das Publikum nicht nur meine Botschaft, sondern vor allem mich selbst im Gedächtnis behalten sollte.
- Ein sicherer Schluß: Fassen Sie die wichtigsten Punkte noch einmal klar strukturiert zusammen, ohne ins Detail zu gehen.
- Ein Zitat: Es ist ein guter rhetorischer Kniff, Ihre abschließenden Ausführungen wieder mit Ihrem Eröffnungszitat zu krönen – natürlich sollte dies inhaltlich passen!
- Ein Witz oder eine lustige Geschichte: Einen solchen Schluß können Sie wählen, wenn Sie nicht bei einem sehr formellen Anlaß sprechen.
- Ein Schluß, der Mut macht: In manchen Situationen ist ein positives, Hoffnung gebendes Schlußwort angebracht.
- Zu einer konkreten Handlung auffordern: „Wenn Sie heute aus diesem Hörsaal gehen, möchte ich, daß diejenigen von Ihnen, die mein neuestes Buch noch nicht haben, sich ein Exemplar kaufen!"
- Eine direkte Frage stellen: „Wie können wir hoffen, daß die Kollegen die Arbeitsabläufe vereinfachen, wenn wir ihnen keine Übergangszeit mit eventuell erhöhter Fehlerquote zugestehen?"

- Ein Kompliment machen: „Ich habe mich hier sehr wohl gefühlt und freue mich schon auf das nächste Mal!"
- Das Publikum vor die Wahl stellen: „Wollen wir jetzt aufgeben? Oder wollen wir der Konkurrenz zeigen, daß wir bereit sind, zu kämpfen? Das liegt bei Ihnen!"

Mit Ihrer Abschlußformulierung bleiben Sie dem Publikum im Gedächtnis. Es gibt auch hier viele Möglichkeiten – vom strukturierten Zusammenfassen der behandelten Punkte bis zur überraschenden Tanzeinlage.

5.3 Was Sie vermeiden sollten

Natürlich sollten Sie niemals Teile Ihres Publikums beleidigen; machen Sie also beispielsweise keine sexistischen oder rassistischen Bemerkungen. Achten Sie generell darauf, daß sich niemand unangenehm berührt fühlt; erzählen Sie keine schlüpfrigen Witze und keine Geschichten, über die nicht alle lachen können. Vermeiden Sie außerdem,

- Jargon zu benutzen: Das dürfen Sie nur, wenn Sie hundertprozentig sicher sind, daß Ihr Publikum die entsprechenden Ausdrücke und Begriffe kennt.
- Euphemismen zu verwenden: Statt beschönigende, übertriebene Formulierungen zu gebrauchen, sagen Sie klar und deutlich, was Sie meinen.

- zu fluchen: Obwohl sich dies von selbst versteht, glauben immer noch viele Leute, dadurch besonders ausdrucksstark zu sein.

Keine Worthülsen oder Einschränkungen

Man kann die Wirkung der wichtigsten Botschaft ruinieren, wenn man sie mit Einschränkungen wie den folgenden umrahmt:

- „soweit ich weiß"
- „soweit mir bekannt ist"
- „Das ist zwar nur meine persönliche Ansicht, ..."
- „sozusagen"
- „gewissermaßen"
- „Vielleicht irre ich mich, aber ..."

Probieren Sie doch einmal aus, wie solche Einschränkungen wirken können! Wie würde der Satz „Beim Fußball geht es nicht um Leben oder Tod – es geht um mehr!" dann aussehen? Beispielsweise so: „Das ist zwar nur meine persönliche Ansicht, aber beim Fußball geht es nicht um Leben oder Tod – es geht sozusagen um mehr!" Oder fügen Sie einem der besonders denkwürdigen Aussprüche unseres Jahrhunderts eine entsprechende Einschränkung hinzu, zum Beispiel Martin Luther Kings „Ich habe einen Traum ..." oder John F. Kennedys „Ich bin ein Berliner" – schon verlieren sie gerade das, was sie so denkwürdig macht!

Vermeiden Sie auf jeden Fall, Worthülsen und Floskeln zu verwenden. Durch solche Formulierungen schwächen Sie die Wirkung Ihrer Botschaft erheblich.

5.4 Beispiel: Die Besprechung

In Besprechungen bietet sich Ihnen eine hervorragende Gelegenheit für eine überzeugende Selbstdarstellung. Bereiten Sie sich darauf vor, sich in angemessener, professioneller Form vorzustellen, so daß Ihre Körpersprache und Ihre Worte eine identische, positive Botschaft übermitteln.
Geben Sie Ihrem Publikum keinen Anlaß zu der Schlußfolgerung, daß Sie nicht wichtig, zu unerfahren für die Aufgabe oder in anderer Hinsicht inkompetent sind, indem Sie herumstottern oder -zappeln und die Einleitung verschenken: „Oh, ähäm ... ja, ich bin Thomas Müller. Damit habe ich nicht gerechnet. Aber gut ... Ich bin also Thomas Müller, und ich arbeite in der Verwaltung, und ich tue eigentlich von allem etwas.“ Statt dessen sollten Sie sich etwa so vorstellen: „Ich bin Thomas Müller. Ich komme aus dem Bereich der Messeorganisation und bin für die organisatorische Unterstützung unserer externen Trainingskurse verantwortlich. Ich freue mich, daß ich heute hier sein kann.“
Der Versuch, sich die Sympathie des Publikums zu sichern, ist meist nicht von Erfolg gekrönt. Wenn Sie sagen: „Ich hoffe, daß es nicht allzu langweilig wird!“, hören die anderen: „Das wird sehr, sehr langweilig!“

Beachten Sie bei jeder Besprechung die folgenden Grundregeln:

- Jammern Sie nicht.
- Quasseln Sie nicht drauf los.
- Fangen Sie nicht mit einer Entschuldigung an.
- Stellen Sie sich richtig vor.

Ihr Sprechstil – also die Art und Weise, wie Sie etwas sagen – bestimmt zu einem großen Teil, wie diese Botschaft vom Publikum verstanden wird.

- *Sprechen Sie souverän und deutlich, legen Sie Pausen ein, und vermeiden Sie Worthülsen und Floskeln.*
- *Achten Sie darauf, Ihre Aussagen so zu formulieren, daß Sie niemanden im Publikum vor den Kopf stoßen oder gar beleidigen.*
- *Gute Einstiegs- und Schlußformulierungen helfen Ihnen, einen guten Eindruck zu hinterlassen.*

6. Überzeugend auftreten in jeder Situation

Für eine überzeugende Selbstdarstellung sind Ihre sozialen Fähigkeiten genauso wichtig wie Ihre fachlichen und beruflichen Kenntnisse. Es kann das vorzeitige Ende Ihrer Karriere bedeuten, wenn Sie nicht wissen, wie man sich auf dem gesellschaftlichen Parkett bewegt. Würden Sie jetzt gern einwenden, daß man Sie doch nicht wegen Ihrer sozialen Fähigkeiten eingestellt habe? Das mag zwar stimmen, doch es führt kein Weg an der Tatsache vorbei, daß ein gewisser gesellschaftlicher Schliff unerläßlich ist, wenn Sie vorankommen wollen.

Gutes Benehmen

Natürlich sind wir nicht alle von Natur aus extrovertiert und treffen gern mit anderen zusammen; natürlich gehören wir nicht alle zu den Menschen, die aufgrund ihrer Persönlichkeit, ihrer Erziehung oder ihres Hintergrunds immer wissen, was sie in einer bestimmten Situation sagen oder tun müssen. Falls Sie nicht sicher sind, wie es um Ihren eigenen gesellschaftlichen Schliff bestellt ist, sollten Sie die folgenden Fragen beantworten (Antworten auf Seite 77):

1. Ihr Chef platzt in Ihr Büro hinein, wo Sie gerade eine Besprechung mit einem Kunden und mehreren Kollegen aus anderen Abteilungen abhalten. Wer sollte die Vorstellung übernehmen?
2. Sie haben jemanden zu einem Geschäftsessen in ein Restaurant eingeladen. Wann sollten Sie dort eintreffen?
   a) eine halbe Stunde vor der vereinbarten Zeit
   b) zehn Minuten vor der vereinbarten Zeit
   c) pünktlich
   d) etwas zu spät, ein paar Minuten nach Ihrem Gast.

3. Was tun Sie, wenn Sie sich am vorhergehenden Abend blamiert oder Ihre Gastgeberin beleidigt haben?
4. Die Firma, bei der Sie gerade angefangen haben, ist dafür bekannt, daß ihre Angestellten nach der Arbeit viel zusammen unternehmen. Sie selbst sind eher zurückhaltend und wissen nicht, ob Sie
   a) so tun sollen, als seien Sie ebenfalls ein geselliger Mensch
   b) sich vor gemeinsamen Unternehmungen auf irgendeine Weise drücken sollen
   c) ab und zu mitmachen sollen, um zumindest den Schein zu wahren
   d) sich eine andere Stelle suchen sollen.

Sie können nur dann überzeugend auftreten, wenn Sie sich zu benehmen wissen. Eignen Sie sich zumindest die grundlegendsten Benimmregeln an.

6.1 Selbstanalyse

Welche der folgenden Situationen haben Sie schon erlebt? Welche haben Sie als schwierig empfunden? Antworten Sie ehrlich, damit Sie Schwächen erkennen und Ihre Fähigkeit der Selbstdarstellung verbessern können. Welchen der folgenden Situationen versuchen Sie aus dem Weg zu gehen?

- betriebliche Zusammenkünfte, beispielsweise Weihnachtsfeiern
- Tagungen
- nach der Arbeit etwas mit Kollegen unternehmen

- Partys, auf denen dem Alkohol kräftig zugesprochen wird
- eine Rede halten
- formelle Einladungen
- Essen in einem Restaurant
- ein prickelnder Abend mit einer Frau/einem Mann, die/den Sie gerade erst kennengelernt haben
- Besuch bei der Familie Ihres Lebenspartners
- Betreuung auswärtiger Gäste Ihrer Firma.

Die Gründe erkennen

Warum haben diese Situationen Ihnen Unbehagen verursacht? Gehören Sie vielleicht zu den Menschen, die es am liebsten immer nur mit einem Gegenüber zu tun haben, sich in einer größeren Gruppe nicht wohl fühlen und auch nicht gern im Rampenlicht stehen? Empfinden Sie wie Victor Kiam (der Mann, dem die Rasierapparate von Remington so gut gefielen, daß er die Firma kaufte), der einmal sagte: „Ich gehe kaum auf Partys – ich spreche nicht gern mit Menschen, die ich nie wiedersehen werde, über Dinge, die mich überhaupt nicht interessieren."

Verbreitete Motive

Ich habe einige der Gründe zusammengestellt, die dafür verantwortlich sind, daß manche die nebenstehenden Situationen nicht mögen. Kreuzen Sie die Gründe an, die bei Ihnen zutreffen.

☐ Ich kenne dort niemanden.
☐ Ich weiß nie, was ich sagen soll.
☐ Ich weiß nicht, was ich anziehen soll.
☐ Ich werde mich anders geben müssen als ich bin.

- ☐ Die anderen sind dumm, aggressiv, reicher als ich, langweilig, kennen nur ein einziges Gesprächsthema ...
- ☐ Ich werde zu Leuten nett sein müssen, die ich nicht mag.
- ☐ Ich werde mich gut benehmen müssen.
- ☐ Ich mag es nicht, Leute untereinander vorzustellen.
- ☐ Ich halte mich lieber im Hintergrund.

Wenn Sie erkannt haben, in welchen Situationen Sie sich nicht wohlfühlen und woran das liegt, werden Sie an Ihren Schwachpunkten arbeiten, Ihre Stärken aufbauen und sich überzeugend darstellen können!

6.2 Die Ichbezogenen

Daß so viele Menschen sich bei gesellschaftlichen Anlässen nicht gut darstellen können, liegt oft an ihrer Ichbezogenheit. Interessanterweise kann Ichbezogenheit zu zwei ganz entgegengesetzten Verhaltensformen führen, auch wenn man zu starke Konzentration auf sich selbst vor allem mit Schüchternheit in Verbindung bringt.

Die Schüchternen und die Forschen

Menschen, die sich zu sehr auf sich selbst konzentrieren, haben oft nur einen Blick für das, was in Ihrem Inneren vorgeht. Die Situation und ihre Mitmenschen nehmen sie nur schemenhaft wahr.

Auf der anderen Seite können solche Leute auch dazu neigen, sich in übersteigerten Aktionismus, die Konzentration auf die eigenen Handlungen, zu flüchten.

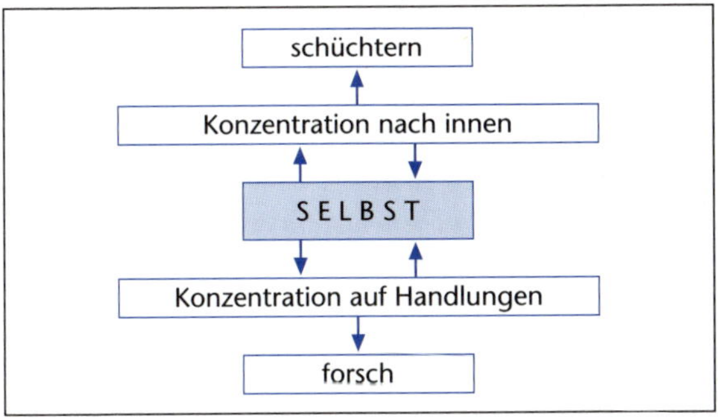

Auswirkungen zu starker Ichbezogenheit

Der bei Schüchternheit und zu forschem Auftreten gemeinsame Faktor ist, daß die Betreffenden sich von ihrem Instinkt und ihren eigenen Vorlieben leiten lassen und die Bedürfnisse anderer sowie die Anforderungen der Situation nicht berücksichtigen.

Strategien für eine bessere Selbstdarstellung

Für einen überzeugenden Auftritt sollten Sie beide Ausprägungen – zu schüchtern oder zu forsch – vermeiden. Konzentrieren Sie sich nicht zu sehr auf sich selbst, sondern achten Sie verstärkt auf die Interessen und Eigenarten Ihrer Mitmenschen.

Wer zu sehr auf sich selbst bezogen ist, ist meist schüchtern, wodurch eine überzeugende Selbstdarstellung nicht möglich wird. Auch zu starke Konzentration auf Handlungen – ebenfalls oft eine Auswirkung zu ausgeprägter Ichbezogenheit – verhindert ein gutes Auftreten.

6.3 Die sozialen Legastheniker

Es gibt Leute, die fachlich oft brillante Analytiker sind, aber hoffnungslos im Umgang mit Menschen. Sie sind bei gesellschaftlichen Anlässen unbeholfen und wissen nie, was man in einer solchen Situation sagt oder tut; noch schlimmer ist, daß sie nicht einmal erkennen, wie wichtig das ist.

Typische Eigenschaften
Solche Menschen
- tun meist das Falsche
- lachen oft im unpassendsten Augenblick
- finden Small talk geradezu unerträglich
- machen häufig unangebrachte Bemerkungen und treten in jedes Fettnäpfchen, ohne es überhaupt zu merken
- unterbrechen Gespräche auf unhöfliche Weise
- erzählen oft eine Geschichte, die mit dem Rest des Gesprächs überhaupt nichts zu tun hat
- kleiden sich meist völlig unpassend.

Weil sozialen Legasthenikern die Fähigkeit fehlt, Gesichtsausdruck, Körpersprache und Tonfall zu deuten, können Sie das Verhalten anderer nicht richtig interpretieren. Sie verstehen nicht einmal die Hauptbotschaft, ganz zu schweigen von den Feinheiten der nonverbalen Kommunikation.

Strategien für eine bessere Selbstdarstellung
Da soziale Legastheniker nicht über die Art von Intuition verfügen, mit der sie nonverbale Botschaften lesen

können, müssen sie lernen, Augen und Ohren für die üblichen gesellschaftlichen Anhaltspunkte offenzuhalten, die die richtige Antwort auslösen.
Nehmen wir zum Beispiel die Frage „Wie geht es Ihnen? Ich habe gehört, daß Sie in letzter Zeit gesundheitliche Probleme hatten.“ Sofern eine solche Frage nicht von Ihrer Mutter kommt, darf die Antwort nur lauten: „Ja, aber jetzt geht es mir wieder gut, danke. Und wie geht es Ihnen?“ Es gilt nämlich nicht als akzeptabel, über die Einzelheiten seiner Verstopfung oder seines hartnäckigen Hustens zu sprechen.

Dieser Persönlichkeitstyp hat aber auch seine guten Seiten: Wenn soziale Legastheniker Ihnen einmal vertrauen und Sie mögen, sind sie treue Freunde. Beruflich arbeiten sie hart und lassen sich nicht so leicht ablenken.

Soziale Legastheniker sind unbeholfen im Umgang mit anderen, da sie sich schwertun, das Verhalten ihrer Mitmenschen zu deuten.

6.4 Die Unbekümmerten

Diese Leute haben keine Probleme damit, auf andere zuzugehen. Dennoch können sie sich oft nicht überzeugend darstellen – sie wirken zwar selbstsicher, aber nicht kompetent und souverän. Die Unbekümmerten sind typischerweise fröhliche, optimistische Menschen mit viel Energie. Sie lieben Herausforderungen, Veränderungen und das Neue, wirken aber oft unbesonnen, angeberisch, charakterlich oberflächlich und unempfindlich für die Bedürfnisse anderer.

Typische Eigenschaften
Solche Menschen
- lassen sich leicht ablenken
- können ihre Aufmerksamkeit nur schwer auf eine bestimmte Sache richten
- leben für den Augenblick
- sehnen sich nach Aufregungen
- hinterlassen viele unvollendete Projekte
- sind oft hyperaktiv.

Strategien für eine bessere Selbstdarstellung
Falls Sie zum Typus der Unbekümmerten gehören, müssen Sie darauf achten, daß Sie andere, die nicht so vital sind wie Sie selbst, nicht niederwalzen: Bremsen Sie sich manchmal, passen Sie Ihr Tempo der Situation an, versuchen Sie nicht, die Dinge zu beschleunigen. Geben Sie nicht gleich jeder Laune nach, überlegen Sie, ob andere sich Ihnen anschließen werden. Fragen Sie andere hin und wieder, was sie gern tun würden.
Sie werden sich überzeugender darstellen können, wenn Sie sensibel auf die jeweilige Situation eingehen, statt immer und überall undifferenziert all Ihre Geschütze aufzufahren.

Die gute Seite dieses Persönlichkeitstyps ist, daß es Spaß macht, mit ihm zusammenzusein. Er hat immer wieder neue Vorschläge, was man machen und wohin man gehen könnte, und bemüht sich darum, daß auch andere ihren Spaß haben.

Unbekümmerte sind zwar selbstsicher, können sich aber trotzdem nicht überzeugend darstellen, da sie nicht konsequent, sondern spontan handeln.

6.5 Konsequent zur überzeugenden Selbstdarstellung

Im folgenden erhalten Sie Anregungen für bewährte Strategien, die Ihnen helfen, wenn Sie

- zurückhaltend sind, es am liebsten mit nur einem Gegenüber zu tun haben, große gesellschaftliche Anlässe hassen, sich aber nicht vor ihnen drücken können, oder wenn Sie
- gerne zu gesellschaftlichen Ereignissen gehen, vor allem zu Partys, aber wissen, daß Sie vermutlich über die Stränge schlagen, sich betrinken oder sich sonst so verhalten werden, daß man über Sie herzieht.

Machen Sie sich in jedem Fall vorher eine Checkliste. Es hilft, wenn man mit einer positiven inneren Einstellung an die Situationen herangeht. Legen Sie sich eine Strategie zurecht, und bereiten Sie sich darauf vor, sich gut darzustellen!

☐ Falls ich allein dastehe, werde ich selbst auf ein oder zwei Leute zugehen und mich ihnen vorstellen.

☐ Ich werde anhand der Zeitungen oder Nachrichtensendungen der letzten Woche oder einer bekannten Talkshow ein oder zwei Themen vorbereiten, über die ich sprechen kann oder nach denen ich andere frage, damit ich mit ihnen ins Gespräch komme.

- ☐ Wenn ich mich unsicher oder fehl am Platz fühle, werde ich mich nicht in mein Schneckenhaus zurückziehen, sondern mir einen festen Zeitpunkt setzen, an dem ich gehe.
- ☐ Falls ich mich dabei ertappe, daß ich angebe, werde ich mir sagen: Beruhige dich, setz dich hin und hör anderen zu, statt selbst zu reden.
- ☐ Ich werde etwas anziehen, das ich mag und in dem ich mich wohlfühle; vorher werde ich aber einen guten Freund fragen, ob es auch zu dem Anlaß paßt.
- ☐ Ich werde mir vorher darüber klarwerden, wie ich mich darstellen will; dann werde ich entweder zu den anderen passen oder mich von ihnen abheben – und das wird mich freuen.
- ☐ Falls ich rauchen möchte, werde ich mich gleich, wenn ich dort bin, nach den entsprechenden Regeln erkundigen und mir nicht einfach eine anzünden.
- ☐ Ich werde die Situation vorher analysieren und dann entscheiden, ob es in Ordnung ist, einen über den Durst zu trinken.

Eine überzeugende Selbstdarstellung setzt voraus, daß Sie wissen, wo Ihre Stärken und Schächen liegen.

- ***Finden Sie heraus, welcher Persönlichkeitstyp Sie sind.***
- ***Erarbeiten Sie Strategien für eine bessere Selbstdarstellung.***
- ***Eignen Sie sich zumindest die grundlegenden Benimmregeln an, damit Sie in kein Fettnäpfchen treten.***

Antworten auf die Fragen von Seite 67

1. Üblicherweise übernimmt derjenige, der sich auf eigenem Gebiet befindet oder der die Besprechung einberufen hat, die Vorstellung.
2. b) Wenn Sie zehn Minuten vor der vereinbarten Zeit im Restaurant sind, können Sie vor der Ankunft Ihres Gastes noch Verschiedenes regeln (zum Beispiel, wie Sie die Rechnung begleichen wollen).
3. Sie brauchen nicht zu kriechen! Am besten ist eine schlichte Entschuldigung von Angesicht zu Angesicht oder eine kurze Nachricht mit der Kennzeichnung „vertraulich“, und zwar so bald wie möglich! Falls Sie einer Frau die Kleidung ruiniert haben, sollten Sie ihr Blumen schicken.
4. c) ist angebracht. d) könnte eine angemessene Lösung auf lange Sicht sein, falls Sie diese Situation nicht aushalten.

Register

In derselben Reihe sind bereits erschienen:

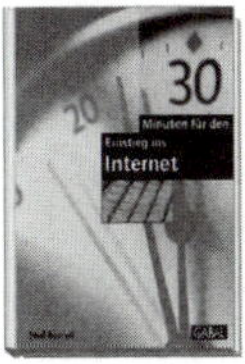

Neil Barrett:
30 Minuten für den Einstieg ins Internet

ISBN 3-930799-85-5

John Westwood:
30 Minuten für den erfolgssicheren Marketingplan

ISBN 3-930799-84-7

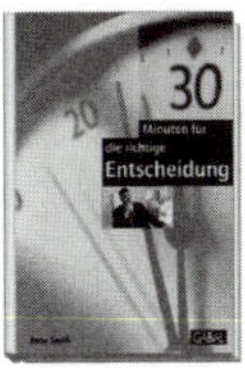

Jane Smith:
30 Minuten für die richtige Entscheidung

ISBN 3-930799-82-0

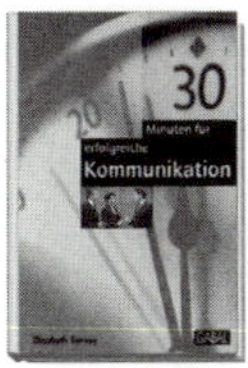

Elizabeth Tierney:
30 Minuten für erfolgreiche Kommunikation

ISBN 3-930799-83-9

Alan Barker:
30 Minuten bis zur effektiven Besprechung

ISBN 3-930799-80-4

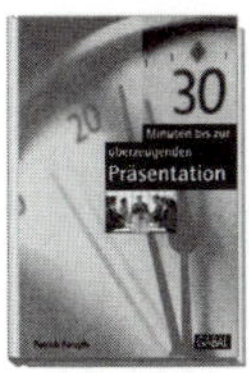

Patrick Forsyth:
30 Minuten bis zur überzeugenden Präsentation

ISBN 3-930799-81-2

- Prägnant, übersichtlich, praxisorientiert
- In 30 Minuten zu lesen
- Hervorragendes Preis-Leistungs-Verhältnis

In derselben Reihe sind bereits erschienen:

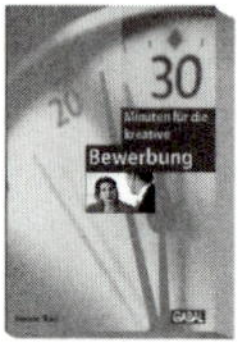

Marita Thiel:
30 Minuten für die kreative Bewerbung

ISBN 3-930799-87-1

C. Cooper/ V. Sutherland:
30 Minuten für den Umgang mit schwierigen Kollegen

ISBN 3-930799-90-1

B. Ruhleder:
30 Minuten für exzellente Umgangsformen im Beruf

ISBN 3-930799-88-X

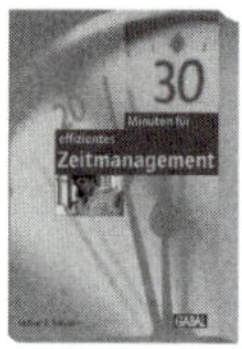

Lothar J. Seiwert:
30 Minuten für optimales Zeitmanagement

ISBN 3-930799-86-3

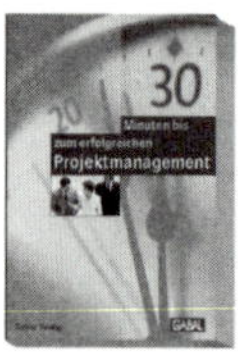

Trevor Young:
30 Minuten bis zum erfolgreichen Projektmanagement

ISBN 3-930799-89-8

Jeder Band:
DM 9,80 / öS 72 / sFR 9,80

Weitere Titel sind in Vorbereitung. Fragen Sie in Ihrer Buchhandlung, oder fordern Sie einen Verlagsprospekt an:

GABAL Verlag,
Schumannstraße 161, 63069 Offenbach
Tel.: 069/84 00 03-22; Fax: 069/84 00 03-33